COLLECTION
ROLF HEYNE

ZU GAST BEI
CÉZANNE

Jean-Bernard Naudin • Jacqueline Saulnier • Gilles Plazy

ZU GAST BEI CÉZANNE

Der große Künstler als Gourmet

Mit 50 Rezepten

Vorwort:
Alain Ducasse

Einleitung:
Philippe Cézanne

WILHELM HEYNE VERLAG
MÜNCHEN

Vorwort

Als man Cézanne einmal fragte, welches sein Lieblingsgericht sei, antwortete er: *»Les pommes à l'huile* – Kartoffelsalat.« Als seine Freunde sich einmal über eine bekannte Persönlichkeit der Stadt, einen Mann, der ihrem Kreis eher fernstand, mokierten, verteidigte er ihn mit den Worten: »Ich finde, daß er sich meisterhaft darauf versteht, Oliven für seine Tafel zu kaufen.« Cézanne vergaß nie, wenn er sich »da hinauf«, nach Paris, begab, eine Korbflasche mit Olivenöl mitzunehmen, einen Sonnenstrahl aus seiner Provence, der die Tage, die er sich in der Metropole durchhungern mußte, erhellte und die dürftigsten Gerichte in ein königliches Mahl verwandelte.

Auch in meine Küche bringt das Olivenöl Glanz, so wie Licht Wärme und Leben in eine Landschaft bringt. So, wie man das Körperhafte und die Ausdehnung der Luft geradezu spüren kann, wenn man genau hinschaut, intensiviert das Olivenöl die Aromen, die sich nach und nach am Gaumen mit vollem Charakter entfalten. Zwischen der Kunst des Kochens und der Malerei liegen nicht Welten – beide sprechen die Sinne an. Ein Rot auf einem Bild erinnert an die Farbe eingekochter Tomaten; ein skizzierter Reflex ist wie ein leicht gegartes Gemüse, das noch Biß hat.

Cézanne liebte die Provence, er verschlang die Natur dieses Landes geradezu, verdarb sich die Augen mit seinem Immer-wieder-Hinsehen. »Man muß sie immer und immer wieder aus unserer Kunst herausschmecken«, sagte er, so als könnte man ihren Geschmack konkret auf der Zunge spüren. Es mag ein wenig als Hommage an ihn geschehen, oder aus dem Wunsch, denen die Treue zu halten, die das Lob dieser Landschaft gesungen haben, wenn ich Zutaten nehme, die hier zu Hause sind, wenn ich ein Gericht erfinde, das an die Düfte von l'Estaque erinnert. Cézanne war ein ewig Suchender. »Er zerbrach schier an seinem nicht erfüllbaren Vorsatz, die ganze Natur auf eine Leinwand zu bannen«, schrieb Zola über den Maler, mit dem er einst befreundet war.

Cézanne war weder ein Mann von Welt noch Theoretiker, er arbeitete ganz einfach. Und er schaffte es, durch seine Arbeit eine neue Epoche der Malerei einzuleiten. Es gab kein Beben, keine Provokationen, keine Revolution: Seine ausgeglichenen, vom Licht der Landschaft um Aix durchfluteten Bilder ließen dennoch eine neue Art der Malerei entstehen und zeigten eine Provence, wie sie so noch niemand gesehen hatte.

Cézanne machte von all seinen fünf Sinnen Gebrauch. Ebenso ausgeprägt wie sein Gespür für Farbnuancen und Bildkomposition war seine Empfänglichkeit für die Freuden der Tafel. Oft ließ er seine Staffelei im Stich, weil ihm Madame Brémond, seine Haushälterin und Köchin, eine cognacgetränkte Daube zubereitet hatte.

Was haben Koch- und Malkunst sonst noch gemein?

Beide leben vom Mischen, vom Ausprobieren und vom Ausdruck von Gefühlen, die man anderen mitteilen möchte. Mit den Gerichten, die ich zubereite, versuche ich, etwas über die Provence mitzuteilen, diese Landschaft, die von mir Besitz ergriffen hat. Über die Olivenhaine, Früchte und Gemüse, die unter einer manchmal unerbittlichen Sonne reifen, über die Fische, die der Mistral kühl hält, über die langgezogene Sprechweise dieser Region, über dieses Land, in dem man sich Zeit zum Leben nimmt. Cézanne sagte einmal, daß es in der Natur immer wieder Dinge gibt, die man noch nie gesehen hat. Ich hätte gern für ihn gekocht und ihm einige gezeigt.

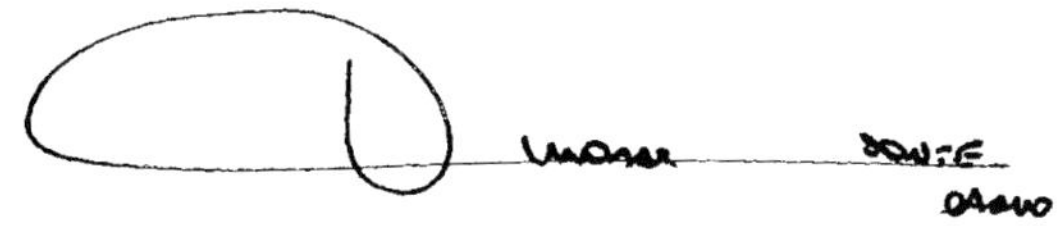

ALAIN DUCASSE

Paul Cézanne, der Sohn des Malers

Paris, Musée de l'Orangerie, Sammlung Jean Walter/Paul Guillaume

Einleitung

Als mich Jean-Bernard Naudin besuchte und mir von seinem Plan erzählte, die wunderschöne Reihe der Éditions du Chêne über Künstler mit einer Würdigung meines Großvaters fortzusetzen, dachte ich zunächst, es handele sich um einen Scherz. Die Einfachheit von Cézannes Leben und die Bescheidenheit seiner Mahlzeiten gestalteten denn auch, verglichen mit dem Lebensstil eines Claude Monet oder Renoir, die Arbeit an diesem Buch nicht gerade einfach. Doch schätzte Paul Cézanne als echter Provenzale den Duft und Wohlgeschmack der Produkte seines Heimatlandes: Olivenöl, Kräuter der Provence, Knoblauch, Tomaten und Mittelmeerfische. Und auch wenn er Tee und Kaffee bevorzugte, trank er doch immer wieder gern ein Glas des guten Weines, der an den Hängen von Aix gereift war. Seine Stilleben vermögen uns diesbezüglich so manchen Hinweis auf seine Lebensgewohnheiten zu geben.

Auch wenn ihn viele seiner Zeitgenossen für einen ungeselligen, wenn nicht gar für einen Menschen mit wenig geschliffenen Umgangsformen hielten – womit er jedoch nur seine krankhafte Schüchternheit zu verbergen suchte –, legte Cézanne doch sehr viel Wert auf freundschaftliche Beziehungen, und als Gäste fanden sich bei ihm ebenso junge Künstler, Freunde aus Aix wie auch der Maler Renoir ein, den er einmal am Krankenbett pflegte und wie eine Glucke umsorgte. Da seine treue Köchin alle Arbeiten, die im Haus anfielen, für ihn erledigte, konnte er seine ganze Zeit der Kunst widmen. Mögen die Autoren dieses Buches diese kurzen Zeilen als meinen Dank ansehen für die treffliche Einschätzung und Darstellung Paul Cézannes und seiner Provence.

PHILIPPE CÉZANNE

Stilleben mit Äpfeln und Bisquits

Paris, Musée de l'Orangerie

Inhalt

Im Jas de Bouffan

Kind, Kind, denke an die Zukunft.
Man stirbt mit Genie,
und man ißt mit Geld.

Louis-Auguste Cézanne an seinen Sohn

Es ist kein Zufall, daß Cézanne in der Provence geboren wurde. Sie ist seine Bestimmung. Und so bleibt ihr der Maler, vielleicht der größte seines Jahrhunderts, denn auch sein ganzes Leben lang treu und widersteht hartnäckig den Versuchungen von Paris. Als Sohn eines kleinen Hutmachers, der als Bankier zu Vermögen kommt, in Aix geboren, verbringt er seine Kindheit und Jugend in dieser Stadt, bevor seine Familie das nur knapp eineinhalb Kilometer außerhalb von Aix, aber schon auf dem Lande gelegene Gut Jas de Bouffan erwirbt. Das Herrenhaus, ein großes Gebäude aus dem 18. Jahrhundert, macht mit seiner weiträumigen Fassade, seinen hohen Fenstern, seinem roten Ziegeldach und seinem genuesischen Kranzgesims einen stolzen Eindruck. Es liegt mit seinem Wirtschaftsgebäude inmitten eines fünfzehn Hektar großen Anwesens, das ringsum von einer Mauer umgeben ist.

Le jas, das bedeutet Schäferei; und *le bouffan* ist der Wind. Das Landgut befindet sich nämlich auf einer windigen Anhöhe über der Stadt, die sich unterhalb in der Ebene erstreckt, und man hat von dort einen weiten Blick in die Ferne, zum Mont Sainte-Victoire. Zunächst dient das Haus als Wochenendsitz und Sommerfrische, um der Stadt zu entfliehen (das war auch damals schon üblich)

Kastanienbäume und Wirtschaftsgebäude des Jas de Bouffan
Moskau, Puschkin-Museum

Links und folgende Seiten: Der Jas de Bouffan heute

Louis-Auguste Cézanne, der Hutmacher, der zum Bankier avancierte, kaufte sich bei Aix ein Anwesen auf dem Land. Sein Sohn Paul, der einen großen, unbewohnten Raum des Hauses mit Wandbildern bemalte, hat dort sein erstes Atelier. Aus den verschiedensten Perspektiven malt er über viele Jahre hinweg und zu allen Jahreszeiten immer wieder den Jas de Bouffan.

und um ohne Zwischenhändler die Produkte der provenzalischen Erde genießen zu können. Dieses Anwesen ist der ganze Stolz von Cézannes Vater, Louis-Auguste Cézanne, der es 1859 für die Summe von achtzigtausend Franc erwirbt, denn es ist der Beweis für seinen beruflichen Erfolg: Durch diese ehemalige Residenz von Monsieur de Villars, dem Gouverneur der Provence, kann er sich den Adligen und Großbürgern von Aix ebenbürtig fühlen, die sich stets geweigert haben, ihn als ihresgleichen anzuerkennen, da sie in ihm nur einen Emporkömmling, einen Wucherer ohne Umgangsformen sahen. Neben einem Gewächshaus gibt es auf dem Grundstück eine lange Kastanienallee, die sich in einem Wasserbecken spiegelt, einen Delphin und mehrere Löwen aus Stein sowie eine Wiese, aber auch Beete, Weinstöcke, Olivenbäume und Obstbäume. Nun ist es sein Besitz, sein höchsteigener Besitz, und man verbringt dort den Sommer, wenn es in der Stadt zu heiß wird. Später wird es

der ständige Wohnsitz der Familie. Das Haus ist zwar nicht in bestem Zustand, und es wären größere Renovierungsarbeiten notwendig, wollte man einen gewissen Komfort und Luxus haben, aber was soll's, es ist so groß, daß man nicht alle Zimmer bewohnen muß, die schlechtesten bleiben einfach geschlossen.

Louis-Auguste Cézanne ist kein Mann, der sein Vermögen für Luxus verschwendet. Das Haus ist ein Wohnsitz für die Familie, der Hof eine Einnahmequelle. Wem würde es nützen, dem Jas die Pracht von ehedem wiederzugeben? Sein Reichtum ist noch neu, und er hat ihn sich durch harte Arbeit verdient. Als kluger Mann weiß er, daß ein Sou ein Sou ist und daß das Glück sich wenden kann. So legt er vor allem darauf Wert, die Existenz seiner Kinder zu sichern, Paul zu unterstützen, wenn er sich in einer mißlichen Lage befindet, seinen beiden Töchtern, Marie und Rose, eine gute Aussteuer mitzugeben, und ihnen, wenn er stirbt, das zu hinterlassen, was er selbst nicht besaß: etwas Eigentum und damit auch Ansehen. Wie sollte er auch den Weg vergessen, den er hatte beschreiten müssen, seit er 1798 in dem kleinen Dorf Saint-Zacharie geboren wurde? Als kleiner Angestellter bei einem Wollhändler besaß er den Mut, mit dreiundzwanzig Jahren nach Paris zu gehen, um dort in einer vierjährigen Lehre das Hutmacherhandwerk zu erlernen. Zurück in Aix, wo die Hutindustrie florierte, eröffnete er mit zwei Teilhabern ein Geschäft, führte dieses später allein weiter, lieh Lieferanten, die sich in finanziellen Schwierigkeiten befanden, Geld und vervielfachte so sein Vermögen. 1848 wurde er Bankier und übernahm zusammen mit dem Kassierer des bankrottgegangenen Unternehmens die einzige Bank in Aix. Henri Perruchot, Cézannes Biograph, von dem wir diese Einzelheiten übernehmen, entwirft folgendes Bild vom Vater seines Helden:

»Für Louis-Auguste zählte einzig und allein das Geld, für ihn ein untrügliches Zeichen gesellschaftlichen Erfolges. Von allzeit wachsamem Scharfblick, von lebhaftem, erfinderischem Geist, umsichtig, aber auch mutig, ebenso geschickt wie geschäftstüchtig, hart, gewissenhaft, auf sich selbst nicht mehr Rücksicht nehmend als auf andere, tyrannisch und leicht erregbar, maßvoll aus innerer Einstellung, aber auch übertrieben sparsam aus Notwendigkeit, häufte er auf seinem Weg zum Reichtum, von einer einzigen Leidenschaft getrieben, Louisdor auf Louisdor.« So ist es wohl kaum nötig zu erwähnen, daß er sich keinen Künstler zum Sohn

*H*ortense Fiquet wurde erst nach siebzehn Jahren wilder Ehe Madame Paul Cézanne. Das Paar hat zu jener Zeit bereits einen vierzehnjährigen Sohn, der ebenfalls Paul heißt und dessen Existenz dem Großvater verschwiegen wurde. Obwohl der Maler ein recht kühler Ehemann gewesen ist, hat er von seiner Frau einige durchaus gefühlvolle Porträts hinterlassen.

Madame Cézanne beim Nähen

Stockholm, Nationalmuseum

Rechte Seite:
Marmeladen und Eingemachtes in der Küche des Jas de Bouffan

wünschte, sondern eine solche Aussicht sogar als eine Art Fluch betrachtete, träumte er doch davon, das von ihm Erworbene weiterzugeben und Begründer einer in Aix einflußreichen Cézanne-Linie zu werden.

Cézanne ist damals zwanzig Jahre alt. Noch ist er nicht Maler, obwohl er bereits zu malen begonnen hat, und er lebt, da er über kein eigenes Einkommen verfügt, bei seiner Familie. Nach dem bestandenen Abitur beginnt er ohne rechte Überzeugung ein Jurastudium, daneben nimmt er Zeichenunterricht. Sein Freund Émile Zola, sein Jugendgefährte beim Spielen und Herumtollen auf dem Land, bei der Jagd und beim Fischfang, ist nach Paris gegangen und kehrt nur für die Ferien nach Aix zurück. Allerdings schreiben sich die beiden. Vielleicht wird Paul sich eines Tages Émile in Paris anschließen und tatsächlich Künstler werden. Zumindest ermuntert ihn der zukünftige große Dichter dazu, selbst bereits fest entschlossen, sich mit seinem literarischen Werk einen Namen zu machen. Erstaunlicherweise findet sich in ihrer weitgehend erhaltenen Korrespondenz nicht die leiseste Erwähnung von dem Hauskauf, der für die Cézannes doch sicher ein großes Ereignis gewesen sein dürfte. Überging der Sohn alles, was Aix und die familiären Angelegenheiten betraf, weil er sich selbst noch nicht darüber im klaren war, welchen Weg er beschreiten, was für ein Leben er führen wollte, weil seine Berufung sich noch nicht eindeutig abzeichnete? Träumte er davon wegzugehen, selbständig zu werden und nicht bei seinen Eltern und seinen beiden Schwestern zu versauern? Vielleicht.

Dennoch, der Jas de Bouffan zieht ihn schnell in seinen Bann, und vierzig Jahre lang bleibt er mit ihm aufs engste verbunden, behält er dort einen Wohnsitz, ein Atelier. In den ersten Jahren lebt sein Vater noch dort, später, nach dessen Tod im Jahre 1886, wohnt er zusammen mit seiner Mutter. Und das, obwohl es da Hortense gibt, mit der er viele Jahre in wilder Ehe lebt, bevor er sie heiratet, und den kleinen Paul, seinen geliebten Sohn, mit dem er aber nur wenig Zeit verbringt. Bald in Paris, bald in Aix, bald Familienvater in der Hauptstadt, bald anhängliches Kind des häuslichen Herdes – der verlorene Sohn kehrt stets zum Jas de Bouffan zurück, Paul Cézanne bleibt diesem Ort immer treu.

Die Familie kann er allerdings nur schwer ertragen, das äußert er mehr als einmal. So schreibt er 1866 an Pissarro: »...am widerlichsten von allen sind die, die meine Familie bilden, sie gehen einem unsäglich auf die Nerven«. Natürlich ist er nicht immer so kritisch, aber wie die meisten jungen Künstler fühlt er sich nicht recht

verstanden, nicht genügend unterstützt. Dabei kürzt ihm sein Vater nicht die Unterhaltszahlungen, umhegt ihn seine Mutter mit beständiger Zuneigung, und auch seine Beziehung zu seinen beiden Schwestern ist ziemlich gut, vor allem zu Marie, die vielleicht nicht besonders klug, ihm dafür aber treu ergeben ist. Ein Haus, eine Familie, das hat sein Gutes, und von Zeit zu Zeit hat man das Verlangen, als Ausgleich zum Pariser Boheme-Leben etwas bürgerlichen Komfort zu genießen. Im Jas, dem Familienbesitz, fühlt sich Cézanne, was auch immer er in Augenblicken der Verstimmung darüber sagen mag, wohl. Hier kann er sich ohne finanzielle Sorgen ganz seiner Malerei widmen, denn Unterkunft, Verpflegung und liebevolle Fürsorge sind gesichert. Er, der sich als Junggeselle in Paris von Fleischbrühe aus schmierigen Garküchen oder von in Olivenöl getränktem Brot ernährt (solange die Korbflasche nicht leer ist, gibt es keinen Grund zum Verzweifeln) und der von L'Estaque aus an Zola schreibt, daß er sich jene Fadennudelsuppe mit Öl zubereite, »die Lantier so liebt«, weiß das gute Essen zu Hause zu schätzen. Louis-Auguste ist zwar kein Hausherr, der es gestatten würde, allzu opulente Mahlzeiten aufzutischen, aber er möchte auch nicht, daß es in Aix heißt, man esse im Jas nicht gut. Er lädt zwar nur selten Gäste ein, legt aber Wert darauf, daß sie gut bewirtet werden. Er selbst hat aufgrund seiner Bauern- oder vielmehr Bergbauernherkunft eine Vorliebe für geschmackvolle Speisen ohne Schnickschnack, für Ragouts und Wurstwaren, für Braten und Hammelkeulen an Festtagen. Glücklicherweise ist seine Ehefrau eine hervorragende Köchin, die in der Küche umsichtig waltet. Die provenzalische Küche birgt für sie keine Geheimnisse, und Renoir erinnert sich noch lange Zeit an eine Fenchelsuppe, die er bei einem Aufenthalt im Jas de Bouffan gekostet hat (er nahm sogar das Rezept mit!), und an ein Stockfischpüree, das die Mutter seines Freundes Paul für ihn bei einem Festessen in dem Haus, das sie in L'Estaque gemietet hat, kochte und über das er an Victor Chocquet schreibt: »Ich glaube, das ist die wiedergefundene Ambrosia der Götter. Das essen und dann sterben!«

Die Familie Cézanne ist vielleicht nicht gerade eine Familie, von der ein junger Künstler träumt, der gern hätte, daß sich alles im Leben nach seiner Kunst richtet, aber immerhin mangelt es dort nie an Oliven! Und man bereitet nach alter Tradition Sardellenpaste und *Tapenade,* Wacholderdrosselpastete und Geflügelleber, Hammelkeule und Bouillabaisse, Rindschmorfleisch und *Estouffade* zu, kultiviert Zucchini und Tomaten, Thymian und Lorbeer ... Und es vergeht kein Weihnachtsfest, ohne daß nach altem Ritual die dreizehn Desserts bereitet werden: Marzipanschnitten, schwarzer und weißer Nougat, Quittenpaste, eingemachte Aprikosen, Wintermelone,

Der Apfel ist die Hauptfigur in Cézannes Stilleben. Er liebt seine runde Form, seine Farbe und seine Festigkeit. Zudem hat er für Cézanne, der sehr langsam malt, den Vorteil, daß er sich nicht allzu schnell verändert. Zumeist malt er ihn in Kompositionen, die an Küche oder Eßzimmer denken lassen.

Früchte, Serviette und Milchflasche

Paris, Musée de l'Orangerie, Sammlung Jean Walter/ Paul Guillaume

Pompe à l'huile (ein Kuchen, den die Griechen und Römer ihren Göttern darbrachten) sowie eine bunte Mischung von Trockenfrüchten: Feigen, Rosinen, Nüsse, Birnen und Äpfel ...

Cézanne ist ein unermüdlicher Maler, der Stunden um Stunden an der Arbeit bleibt und, seine Malutensilien auf dem Rücken, ausgedehnte Spaziergänge auf dem Land unternimmt. Abends bringt er dann großen Appetit mit und spricht den Speisen, die seine Mutter für ihn bereitet, kräftig zu. Noch liegt eine lange Wegstrecke vor ihm, bis er der große Maler ist, der er eines Tages sein wird. Seine Mutter aber glaubt unerschütterlich daran. Im Jas de Bouffan wie auch in L'Estaque (»der Heimat der Seeigel«, wie er sagt) genießt Cézanne die Tafelfreuden, vorausgesetzt, jemand kocht für ihn. Allerdings – und da schlägt er ganz seinem Vater Louis-Auguste nach – bevorzugt er Speisen von höchster Einfachheit. Einmal befragt nach seinen kulinarischen Vorlieben, nach seinem Lieblingsgericht, antwortet er: »Kartoffelsalat.«

Im Jas de Bouffan kommt Cézannes Talent als Maler zur vollen Entfaltung. Sein inneres Gleichgewicht findet er jedoch nur um den Preis eines langen, schmerzvollen Kampfes: »Das Anwesen Jas de Bouffan nahm einen großen Platz im Leben des Malers ein. An keinem anderen Ort hat er so häufig und zu so verschiedenen Zeiten seines Lebens gearbeitet. Auf vielen seiner Bilder sind das Herrenhaus, die lange Kastanienallee, das Wasserbecken mit dem Delphin und den Löwen aus Stein, das Wirtschaftsgebäude und die Mauern, die den Jas umgeben, zu sehen.« (John Rewald)

Louis-Auguste Cézanne betrachtet die künstlerischen Aktivitäten seines Sohnes nicht mit sehr wohlwollendem Blick. Er würde es lieber sehen, daß sein einziger Sohn

seinen Fußspuren folgt, daß er aus den Mühen, die er sich selbst abverlangt hat, Nutzen zieht, in die Bank Cézanne et Cabassol eintritt und ein geachteter Geschäftsmann wird. So müßte er nicht selbst alles erkämpfen, seinen Weg nicht alleine gehen. Zudem kann er studieren, könnte ein ernsthafter, mächtiger, angesehener Bürger werden, der dem Namen Cézanne in der Gesellschaft von Aix einen Platz sichert. Doch er muß erkennen, daß sein Sohn Paul ein Träumer ist, ein junger Mann, der noch nicht recht weiß, was er will, der sich für Literatur mehr interessiert als für Rechtswissenschaft und der sein Studium nur mit geringem Eifer betreibt. Aber wenn er auch ein strenger, autoritärer Vater ist, bösartig ist er nicht; er versteht nur einfach nicht, daß man nicht das Naheliegende tut und seinen Vorteil auszuschöpfen versucht, sondern sich durch Hirngespinste verführen läßt. Sicher hat Zola seinem Sohn diese Flausen in den Kopf gesetzt – er will ihn ja auch nach Paris holen – und hat ihn dazu verleitet, eine gesicherte Zukunft für eine vage Hoffnung auszuschlagen. Trotzdem, Cézannes Vater ist es gewesen, der seinem Sohn vor vielen Jahren den ersten Farbkasten schenkte, einen Aquarellkasten, den er billig in einem Warenlager erstanden hat. Dennoch ist das sicherlich nicht der Auslöser für die künstlerischen Ambitionen seines Sohnes gewesen! Nicht alle Kinder, die Bilder des *Magazine pittoresque* ausmalen, werden Künstler … Im übrigen zeigte Paul zunächst auch weit mehr Neigung und Interesse für die Literatur, die Poesie, für Victor Hugo und Alfred de Musset als für die Malerei. Und daß Paul Zeichenstunden nimmt, ist noch kein Anlaß zur Sorge, er würde sein Jurastudium nicht ernsthaft betreiben. Wenn es Paul Spaß macht, soll er also ruhig die Wände des großen Zimmers im Erdgeschoß, das als Waschküche und Rumpelkammer dient, bemalen.

Er ist ja auch ein guter Sohn. So verziert er den Saal zum Beispiel mit einem Porträt seines Vaters im Profil, auf einem etwas wackeligen Stuhl sitzend und die Zeitung *L'Événement* lesend. Eine Ehrerweisung an den Herrn des

*D*ie Mutter Cézanne hat den Ruf, eine hervorragende Köchin zu sein. Die provenzalische Küche birgt für sie keine Geheimnisse. Auch Renoir, einer der wenigen Impressionisten, mit denen Cézanne befreundet war, erinnert sich begeistert an die Speisen, die sie auftischte.

Oben und links:
In der Küche des Jas de Bouffan.
Vorbereitungen für das Stockfischpüree (Rezept Seite 143).

Hauses, schnell aufs Papier geworfen, ohne ihn zu bitten, für ihn zu posieren, aber vielleicht hat sich jener auch geweigert. Auch fehlt es dem jungen Mann nicht an Humor. So malt er doch tatsächlich vier Bilder zum Thema vier Jahreszeiten in einer sehr stark von Ingres beeinflußten Manier, in dem gloriosen Stil der neoklassizistischen Kunst, die er verabscheut. Kühn signiert er mit *Ingres* und datiert auf »1811«. Später, als er mehr Kunstfertigkeit erlangt hat, fügt er ein ländliches Fest nach Art von Lancret hinzu, einen *Christus, der Lazarus zum Leben wiedererweckt*, der von einem Werk von Sebastiano del Piombo inspiriert ist, eine *Madeleine repentie (Büßende Maria Magdalena)*, zwei Männer- und Frauenköpfe und eine Badende, die seinem Vater allerdings zu gewagt erscheint. Jener weist ihn denn auch darauf hin, daß er zwei Schwestern habe, Rose und Marie, für die dieser Anblick sehr schockierend sei! Worauf der Künstler frech antwortet: »Haben meine Schwestern etwa keinen Hintern wie du und ich?« Ein Porträt seines Malerfreundes Achille Emperaire schließt die Bemalung des Saales ab.

1907, nach dem Tod des inzwischen berühmten Malers Cézanne, will der neue Besitzer des Jas de Bouffan, Monsieur Granel, die Wandbilder dem Musée du Luxembourg vermachen, das damals hauptsächlich zeitgenössische Kunst sammelt. Der Konservator, Léonce Bénédite, fertigt für den Direktor der Nationalmuseen einen ausführlichen Bericht an, in dem er seine Ablehnung rechtfertigt. Zunächst beschreibt er den Ort: »Der Jas de Bouffan ist das Haus von Cézanne, und die angebotenen Gemälde wollen mit der übrigen Dekoration wetteifern. Sie befinden sich in der Tat alle in einem Saal, einem großen, schönen Salon im Louis-XIV-Stil, in dem noch einige glückliche Überreste aus der Zeit sind, als das Anwesen ein Landhaus des Maréchal de Villars war. Sein in Marmor gehauenes Wappen prangt noch heute über dem Eingangstor.

Gegenüber der Fensterseite weist der große Salon eine gerundete Ausbuchtung auf, eine Art Apsis, die mit fünf hochformatigen Tafeln geschmückt ist.

In der Mitte befindet sich das fast nur in zwei Tönen gehaltene, absolut wilde Porträt eines dunkel gekleideten Mannes mit einer Schirmmütze auf dem Kopf, der zur linken Seite schaut. Das ist der Vater von Cézanne.

Auf beiden Seiten davon sind je zwei Bilder angeordnet, die die vier Jahreszeiten darstellen.

Der Frühling wird durch eine junge Frau in einem roten Kleid verkörpert, die, Blütengirlanden schwingend, die Stufen eines Gartens hinabsteigt. Ein kunstvolles Tongefäß ragt im Hintergrund in einen von Rosa zu Blau übergehenden Morgenhimmel.

Der Sommer wird dargestellt durch eine sitzende Frau, eine Garbe auf den Knien, zu deren Füßen zahlreiche Früchte, Wassermelonen, Feigen usw., ausgebreitet sind.

Der Herbst trägt auf seinem Kopf einen Korb mit

*E*ine Szene aus dem Familienleben: Marie, Cézannes Schwester, sitzt am Klavier. Sie spielt ein Stück von Wagner, dem großen avantgardistischen Komponisten der Epoche. Etwas im Schatten sieht man die Mutter bei der Arbeit.

Mädchen am Klavier. Die Tannhäuser-Ouvertüre
Sankt Petersburg, Eremitage

Früchten, und *der Winter* ist eine vor einem Feuer sitzende Gestalt unter einem wolkigen, sternenreichen Nachthimmel.«

Ohne damit allzu sehr unrecht zu haben, fügt der Konservator hinzu, daß die Ausführung der Gemälde »ungeschickt, ja geradezu kindlich« sei. Auch die anderen Gemälde beurteilt er nicht viel milder (aber das zu Unrecht): »Welche Einstellung man auch immer zu dem Werk dieses Malers haben mag, man wird nicht leugnen können, daß es eine merkwürdige Art wäre, ihn zu ehren, würde man ihn mit diesen unbedeutenden, gewöhnlichen Machwerken präsentieren, die er selbst nicht wirklich ernst genommen zu haben scheint.«

Cézanne zog es stets fort aus Aix. Mit Zola, mit Baille oder mit anderen Kameraden begab er sich, wann immer es möglich war, auf Streifzüge durchs Land, ging zum Baden im Arc oder erklomm den Steilhang des Mont Sainte-Victoire.

Der Jas liegt zwar noch fast in der Stadt, aber doch schon außerhalb. Sein Park, das ist bereits Natur, da sind Bäume und Himmel, eine große Kastanienallee, Licht, das in den Blättern, auf dem Stein spielt. Frieden und Ruhe. Cézanne macht es bald zu *seinem* Haus. Unter dem Dach nimmt er ein kleines Zimmer in Besitz, in dem er sein Atelier einrichtet und sich der Malerei widmet. Von dort aus, in der Ruhe und dem Frieden, sieht er den Mont Sainte-Victoire. »Nur er selbst vermochte es, sich durch das Durcheinander von wahllos verstreuten Früchten, dem Sammelsurium aus Tüchern, Töpfen, Einmachgläsern und anderen Gegenständen, die ihm zu seinen Stilleben dienten, zu bewegen. Alle hatten strikte Anweisung erhalten, nichts aufzuheben, nichts zu berühren und nichts abzustauben. Die Früchte verfaulten, die Blumen verwelkten, Unmengen von ausgekratzten Farbtöpfen und leergedrückten Tuben bedeckten den Holzboden. Aber was machte es schon – niemand betrat das Atelier von Monsieur Paul. Zu bestimmten Stunden kam er herunter, mitgenommen, als wäre er einer schrecklichen Qual entronnen, und in seinem Blick lag noch etwas von dem wilden Kampf, den er soeben gegen die Materie ausgefochten hatte.« (Gustave Coquiot)

Aix ist zur damaligen Zeit keine sonderlich dynamische Stadt. Natürlich hat es die Atmosphäre der Provence, ein wunderbares Klima, das auch den Reiz dieser Stadt ausmacht. Alles in allem ist es aber eine zurückgezogene Stadt, die zögert, sich dem wirtschaft-

Ein Spaß von Cézanne: Er läßt seinen Vater die Zeitung *L'Événement* lesen, in der Émile Zola seine ersten Kunstkritiken veröffentlicht. In ihnen schrieb er vernichtend über die akademische Malerei, die im »Salon«, der alljährlichen Kunstausstellung in Paris, zu sehen ist.

Rechte Seite:
Louis-Auguste Cézanne, der Vater des Künstlers, beim Lesen der Zeitung L'Événement
Washington, National Gallery of Art, Sammlung Mr. and Mrs. Paul Mellon

lichen Fortschritt anzuschließen, die sehr bäuerlich geblieben ist und sich von der Welt des Handels fernhält. 1872 leben zwölf Prozent der Bevölkerung von ihren Erträgen, aber vierzig Landgüter haben mehr als vierzig Hektar Land. Der Adel, der zum großen Teil durch die Revolution zugrunde gerichtet wurde, lebt nicht mehr wie ehedem auf großem Fuße, kultiviert aber deswegen nicht weniger seinen Dünkel und seine Verachtung für die anderen Klassen. Sind diese »verarmten Junker« »trübsinnig und griesgrämig« geworden? »Sie sondern sich von der Welt ab, leben den Winter über bis zum Mai in ihrem Wohnhaus inmitten von Stilmöbeln, ihren wertvollen Sammlungen, doch da die Mittel fehlen, baut man nichts Neues, macht es doch schon genug Mühe, das Alte zu erhalten. Große Feste sind eher die Ausnahme. Wenn man Gäste empfängt, bildet der Salon eine geschlossene Gesellschaft, in dem nur der Adel und Klerus verkehren. Man bewahrt die alten Traditionen und Umgangsformen des Ancien régime.« Das Zentrum des wirtschaftlichen Lebens ist der Markt für landwirtschaftliche Erzeugnisse, auf dem Vieh, Getreide, Öl, Mandeln, Wolle und Tabak den Besitzer wechseln. Davon profitiert eine kleine Lebensmittelindustrie mit einem Dutzend Mehl- und Nudelfabriken, zwei Likör- und Sirup- und vier Limonadefabriken. Abgesehen davon stellt vor allem das Hutgeschäft eine Spezialität von Aix dar. Sieben Hutfabriken (mit über siebenhundert Angestellten) stützen sich auf eine bedeutsame Kaninchenzucht, da das Fell der Kaninchen zur Herstellung von Filz dient. Das Kurhaus fristet ein kümmerliches Dasein, es ist schlecht geführt und wird nur wenig besucht. Ein wesentlicher Faktor, daß diese ehemalige Landeshauptstadt nicht mit Marseille mithalten kann, das über einen blühenden Hafen verfügt, ist der Bau der 1837 eröffneten Eisenbahnlinie Paris-Marseille, die Aix abseits des Weges liegen läßt. Erst 1877 wird die Linie Aix-Marseille eingeweiht und kurz darauf die Strecke Aix-Grenoble.

Bis 1848 war die Stadt von einer drei Kilometer langen Stadtmauer umgeben, deren zehn Tore nachts geschlossen wurden. Dann wurde mit einem schrittweisen Abbau begonnen, der bis 1880 dauerte. Die Gasbeleuchtung wurde um 1850 installiert. 1876 wurde der Grand Cours zu Ehren eines Sohnes dieser Stadt, der sich während der Revolution hervortat, in Cours Mirabeau umbenannt, und es wurde eine Statue im Hof des Rathauses aufgestellt, dem man durch den Abriß der umliegenden Häuser mehr Geltung verliehen hatte. Zum großen Bedauern von Cézanne, der die Modernisierung wenig sinnvoll und ansprechend fand, wurde durch Präfekturbeschluß angeordnet, daß die Gehwege der allgemeinen Nutzung geöffnet wurden. Die Stadtverwaltung befand sich damals in den Händen von Radikalen – ein Zeichen für den Aufstieg des Bürgertums, das die südliche Allee des Cours dem Adel überläßt, die nördliche Allee (dort, wo sich die Cafés und die Stationen zahlreicher Postkutschen befinden) jedoch dem Volk, das sich, zur Zeit des Promenierens, in der Avenue du Mail einfindet.

Langweilig ist es in Aix indessen nicht. »Man legt in Aix viel Wert auf Bildung, aus Interesse, aus Tradition und auch aus Stolz«, versichert Maurice Gontard, der zudem bemerkt, daß Frédéric Mistral, der später ein großer provenzalischer Dichter werden sollte, als Student die Atmosphäre zunächst ein wenig kalt fand, dann aber zu der Überzeugung kam, daß die Bevölkerung von Aix über eine »ursprüngliche Fröhlichkeit« verfüge. Seit jeher nimmt die Musik einen bedeutenden Platz im Leben der Stadt ein, und es gibt viele aktive Musikverbände. Das Theater ist sehr lebendig und immer gut besucht. Die Universität am Ort belebt die Geister, und Félibrige, eine Gesellschaft zur Erhaltung und Entwicklung der provenzalischen Sprache und Kultur, pflegt die Erinnerung an glückliche Zeiten, als König René noch regierte, und macht deutlich, welches Bewußtsein Aix von seiner kulturellen Identität hat.

Cézanne hat zu dieser Stadt, in der er geboren wurde, in der er seine Kindheit und Jugend verbrachte, ein sehr ambivalentes Verhältnis. Er wirft ihr bürgerliche Heuchelei vor, mangelndes Interesse an Kunst und Poesie, Engstirnigkeit. Als junger, romantischer Mensch hat er das Gefühl, dort zu ersticken. Als reifer Mann und wenig anerkannter Künstler hält er sich auf Distanz, dabei kommt ihm entgegen, daß der Jas auf dem Lande liegt. Im Alter, als er sich schon etwas weniger unverstanden fühlt und selbst auch etwas milder geworden ist, läßt er sich dort wieder nieder, gleich neben der Kathedrale. Sein ganzes Leben lang pendelt er zwischen Aix und Paris (wo er Frau und Kind hat) hin und her, doch nie bleibt er dieser Stadt lange fern, mit der er immer verbunden bleibt, obwohl er sie nie wirklich geliebt zu haben scheint. Das mag daran liegen, daß Aix im Herzen einer Region liegt, deren Landschaft er

liebt, zu der er immer wieder zurückkehrt und die einen wichtigen Bestandteil seiner Malerei bildet.

Jahr um Jahr dient Cézanne der Jas de Bouffan als Motiv. Im Winter, als die Kastanienbäume ganz kahl sind, malt er die Allee aus frontaler Perspektive *(Les Marronniers au Jas de Bouffan / Die Kastanienbäume im Jas de Bouffan)*. Die Bäume, in einer Linie stehend, ragen stolz in die Höhe, und zwei breite Bänder ziehen sich quer über das Bild; das eine wird von der Allee gebildet, das andere vom Rasen. Die Gebäude befinden sich dahinter, und in der Ferne erkennt man den Mont Sainte-Victoire. Zu einer anderen Jahreszeit, als die Bäume belaubt sind *(Marronniers et ferme au Jas de Bouffan / Kastanienbäume und Landgut Jas de Bouffan)*, gruppiert er die Kastanienbäume links im Bild, während sich auf der rechten Seite der Blick ins Land öffnet. Am Himmel stehen einige Wolken, und wieder zeichnet sich der Berg hinter dem Wirtschaftsgebäude ab. Der italienische Kritiker Lionello Venturi betont »die plastische Kraft der Leere, die Üppigkeit des Laubwerks, die Stärke der Bäume in ihrem Kampf gegen den Wind und nicht zuletzt ihre Größe, die sie behalten, auch wenn sie von Traurigkeit überschattet sind, wenn der Winter sie entlaubt hat. Zu jeder Jahreszeit findet Cézanne im Park des Hauses die dem Leben der Natur innewohnende Kraft, die es ihm ermoglicht, den ganzen Reichtum seiner menschlichen Gefühle auszudrücken.« Und er malt auch die zwei Gebäude des Anwesens *(Maison et ferme au Jas de Bouffan / Haupt- und Wirtschaftsgebäude des Jas de Bouffan)*, ein wenig schief ins Bild gesetzt, bei hellem Licht, die Fenster offen. Das Gemälde hat im ganzen etwas Mysteriöses, das bereits auf die metaphysische Malerei von Chirico verweist.

Im Oktober 1886 stirbt Louis-Auguste und hinterläßt seinen Kindern ein kleines Vermögen. Damit hat Cézanne eine Sorge weniger, denn nun ist er nicht mehr gezwungen, auf die magere finanzielle Unterstützung von seinem Vater zu warten, mit der er auch noch eine Geliebte und einen Sohn unterhielt, deren Existenz er lange verschwieg. Das Geheimnis wurde aber schließlich doch gelüftet, und der Großvater erfuhr, daß die Linie Cézanne nicht mit seinem Sohn erlischt. Merkwürdigerweise gab es zwischen dem Bankier und dem Maler dennoch keine Aussprache, die diese Geschichte geklärt hätte, und dieses Schweigen trug dazu bei, daß die Beziehung schwierig und gespannt blieb. Schließlich hat aber Marie, die treue Tochter und

Cézanne liebt einfache Speisen und bevorzugt die Küche seines Landes. Nach seinem Lieblingsgericht befragt, antwortet er: »Les pommes à l'huile – Kartoffelsalat.«

Vorbereitungen für das Perlhuhn mit Pilzfüllung (Rezept Seite 148)

Schwester, die immer zu vermitteln suchte, die Angelegenheit noch gelöst und den Bruder, kurz vor dem Tod des Vaters, überredet, Hortense im Kreise der Familie in Aix zu heiraten.

Doch ist es eher eine Vernunftehe. Das Paar lebt, wie schon seit Jahren, mehr getrennt als zusammen. Hortense hat sich daran gewöhnt, mit dem kleinen Paul allein zu sein, und wohnt die meiste Zeit in Paris, wo sich der Vater ihres Sohnes nur einige Monate im Jahr aufhält, oder in Gardanne, in L'Estaque, wo sie ihm näher ist, obwohl Cézanne weiter bei seinen Eltern im Jas ißt und schläft, als wäre er immer noch jung und unverheiratet ... Daran wird sich auch nichts ändern. Hortense wird im Jas nie willkommen sein. Übrigens legt sie selbst auch wenig Wert darauf, dort zu verweilen, spürt sie doch deutlich, daß sie nicht sehr geschätzt wird, und zudem langweilt sie sich fern von der Stadt, denn sie kann der Provence nur wenig abgewinnen. 1891 bringt Cézanne sie in Aix in der Rue de la Monnaie unter, da er ihr Leben in Paris zu verschwenderisch findet, er selbst bleibt aber im Jas. Der Versuch mißglückt, Hortense und der kleine Paul kehren nach Paris zurück. Aber mag Cézanne auch, wie John Rewald bemerkte, »ein gleichgültiger Ehemann« sein, so ist er doch ein »leidenschaftlicher, liebevoller Vater«. Das ist sicher einer der Gründe, warum es ihn regelmäßig nach Paris zieht. Und wenn Hortense auch kaum seine Ehefrau ist, so ist sie doch ein häufig von Cézanne gemaltes Modell. Übrigens hat er sie auch so kennengelernt, als sie, um ihre Finanzen etwas aufzubessern, gelegentlich für Künstler posierte.

Nun ist er also Erbe einer ansehnlichen Summe, die es ihm erlaubt, etwas besser zu leben, selbst wenn seine Frau nicht gerade sparsam ist und sich sein mangelndes Interesse an ihr bezahlen läßt. Das Wichtigste aber ist, daß er malen kann, daß man ihn malen läßt. Und nirgendwo kann er dies besser als in der Provence und auf dem Anwesen Jas de Bouffan, wo er sich, in der Nähe seiner Mutter, wirklich zu Hause fühlt. Seine beiden Schwestern sind ausgezogen, Rose hat Maxime Conil geheiratet und sich nicht weit, in Montbriand, niedergelassen, Marie hat sich allein eine Wohnung in der Stadt genommen, weil sie sich anscheinend nicht mehr so gut mit der Mutter vertrug und weil es für sie, die ihr Leben der Frömmigkeit und guten Werken widmet, bequemer ist, in der Stadt zu leben.

Cézanne verlagert sein Atelier zwei Stockwerke tiefer ins Erdgeschoß. Seine Nichte, die Tochter von Rose, wird, laut Jean Arrouye, niemals den Anblick dieses Zimmers vergessen, das der Onkel ihr zu betreten erlaubte: »Es

Marie ist die Schwester Cézannes, die ihm nähersteht. Unverheiratet und ihm treu ergeben, verwaltet sie den Jas de Bouffan und kümmert sich um die Angelegenheiten ihres Bruders.

Marie Cézanne, um 1861

Rechte Seite:
Provenzalischer Pudding
(Rezept S. 178)

herrscht dort eine unglaubliche Unordnung: Blumen, Früchte, weiße Tücher, auf dem Kaminsims drei Schädel, ein elfenbeinerner Christus an einem Ebenholzkreuz – der Christus meiner Großmutter.« Dort zeichnet Cézanne das Porträt von Henri Gasquet, einem Jugendfreund, der Bäcker geworden ist und dem er treu bleibt. Mit vielen anderen alten Kameraden hingegen hat er sich überworfen, auch mit seinem Freund Zola, der zu berühmt und herablassend geworden war und ihn sogar im L'Œuvre karikierte. Gasquets Sohn Joachim, ein junger, der provenzalischen Tradition und Kultur eng verbundener Schriftsteller, der Cézanne sehr bewundert, hat ihm ebenfalls einmal Modell gestanden. Er berichtet, daß das Atelier leer gewesen sei, abgesehen von einem kleinen Tisch mit Farben, einem Stuhl für das Modell, einer Staffelei und einem Ofen, und daß Cézanne im Stehen gemalt habe. Erinnerungen dieser Art sind selten, denn es hat nur wenige Fremde gegeben, die das Atelier im Jas betreten durften. Den Gasquets hat Cézanne an jenem Tag drei Stilleben gezeigt und über die Früchte, die ihm als Vorlage dienten, gesagt: »Sie mögen es, daß man ein Bild von ihnen macht. Es scheint, als würden sie einen um Verzeihung bitten, daß sie ihre Farbe verlieren. Sie kommen zu einem mit voll entfaltetem Duft, erzählen von den Feldern, die sie verlassen haben, von dem Regen, der sie genährt hat, und von den Morgenröten, deren Zeuge sie waren.«

Er liebt es, in der Stille des Ateliers Stilleben zu malen, in einem Zwiegespräch ohne Ablenkung mit dem Objekt. Mit den Dingen kann man sich wenigstens Zeit lassen, sie werden nicht ungeduldig. Es ist nicht wie mit den Menschen, die unruhig werden, die Pose nicht halten oder der Ansicht sind, daß sie zu oft kommen müssen. Natürlich, die Blumen verwelken, was ärgerlich ist, daher muß ein Maler, vor allem wenn er so langsam arbeitet wie Cézanne, manchmal auf künstliche Blumen zurückgreifen. Auch die Früchte verlieren ihre Farbe, werden schrumpelig und verfaulen, aber ein Apfel, eine Orange oder auch eine Zitrone sind Teile der lebendigen Natur, die dem Künstler in seinem Atelier zur Verfügung stehen. Denn nicht immer kann er in der Natur malen. Manchmal machen der Regen, die Kälte oder der Wind einen langen Aufenthalt in der Natur, der für die Freilichtmalerei notwendig ist, unmöglich. Allerdings haben die Stilleben keinen großen Erfolg. Einmal schenkt er eines einem Kutscher, der ihn zu seinen Motiven in einiger Entfernung von Aix bringt. Dieser mißt dem Bild jedoch so wenig Wert bei, daß er es liegenläßt. Das Wichtigste für Cézanne ist dennoch, daß ihm die Bilder selbst gefallen und den einfachen Leuten, den Bauern und all jenen, die der Natur nahe geblieben waren. Er malte die Stilleben nicht für die »Ölhändler aus Chicago«, sondern »damit die Kinder sie auf den Knien ihrer Großväter anschauen, wenn sie ihre Suppe essen«.

Nach dem Tod seines Vaters lebt er noch lieber im Jas als zuvor. Er fühlt sich weniger beobachtet, beurteilt, weniger verpflichtet, sich zu rechtfertigen. Seine Mutter hat ihm immer viel Verständnis entgegengebracht. Ihr gefiel es, einen Künstler als Sohn zu haben. Hatte er übrigens nicht den gleichen Vornamen wie Rubens und Veronese? Sie war auch schon früh ins Vertrauen gezogen worden über die Existenz des unehelichen Sohnes, des anderen kleinen Pauls, der vor dem Großvater geheimgehalten wurde... John Rewald beschreibt sie folgendermaßen: »Sie war eine sehr kluge, feinfühlige Frau, die einen wachen Verstand und eine rege Vorstellungskraft besaß. Sie war groß, dunkelhaarig, von kantigem Körperbau und eher schmalem Gesicht: Das zeigt, wie sehr sich Mutter und Sohn ähnelten.«

Merkwürdigerweise, man weiß eigentlich nicht warum, hat er nie ein Porträt von seiner Mutter gemalt. Zumindest ist uns keines verblieben, während wir von Louis-Auguste zwei kennen. Allerdings gibt es eine Zeichnung, die sie in einem Sessel schlafend zeigt.

Auch seine Schwestern haben ihm nur selten Modell gestanden: Auf einem Bild ist eindeutig Marie zu erkennen, und das Mädchen auf einem anderen Bild, das ihrer Puppe vorliest, scheint wohl Rose zu sein; viel-

leicht sind auch jene beiden Mädchen in der Gartenallee auf dem Gemälde, das von einer Zeitschriftenillustration inspiriert ist, seine Schwestern; diese wurden aber nur in Eile skizziert, sie haben dafür nicht wirklich posiert.

Im Jas malt Cézanne damals am liebsten. Er führt dort ein karges Leben, wird allerdings von seiner Mutter umhegt. Er ist frei von materiellen Problemen und kümmert sich auch nicht mehr als zuvor um das Anwesen.

Fleißig wie er ist, schreitet er auf seinem Weg voran, löst sich von der Romantik, passiert den Impressionismus, ohne dort zu verweilen, und erfindet eine neue Malerei, seine eigene, die sich nicht damit begnügt, das verführerische Äußere der Dinge zu erfassen. Er will eine innere Wahrheit der Welt aufzeigen und aus der Malerei etwas ebenso Starkes und Lebendiges machen wie die Natur. Während all den Jahren arbeitet er auch in Paris, in der Umgebung von Paris, doch der eigentliche Ort seiner Inspiration ist und bleibt der Jas.

Cézanne hat sein ganzes Leben gegen das zu grelle Licht des Südens gekämpft. Deshalb bevorzugte er den Morgen, wenn das Licht, durch Wolken oder Blattwerk gedämpft, noch sanft war oder wenn es im Gewächshaus des Jas de Bouffan spielte.

Als sein Vater stirbt, ist er siebenundvierzig Jahre alt, seine Entwicklung als Maler aber hat er noch nicht abgeschlossen, er ist noch auf der Suche. Doch nun beginnt für ihn ein neuer Lebensabschnitt, mit einer immer tieferen Verankerung in diesem Anwesen: »Cézanne fand dort die Einsamkeit, nach der er sich sehnte. Er malte viel im Garten, der ihm zu jeder Jahreszeit neue, faszinierende Eindrücke bot: im Sommer die von den Kastanienbäumen überschattete Allee, deren dichtes Blattwerk das Haus zum Teil verdeckte; im Winter die kahlen Zweige der Äste, durch die in der Ferne die Umrisse des Mont Sainte-Victoire zu sehen waren und die sich auf der Oberfläche des Wasserbeckens widerspiegelten.« (John Rewald)

Cézanne malt auch Bauern, jene, die im Jas angestellt sind und es ihm nur schwer abschlagen können, Modell zu stehen, aber er unterhält mit ihnen auch freundschaftliche Beziehungen. In ihrer Gesellschaft fühlt er sich wohler als mit den eingebildeten Bürgern von Aix, die alles zu wissen glauben, die nur »miserable Malerei« schätzen, zum Beispiel von Ingres oder den »pompiers« (Kitschmalern), und die schadenfroh lachen, wenn sie in einer Pariser Zeitung etwas Schlechtes über ihren Mitbürger lesen, zum Beispiel über seine Bilder *Maison du pendu (Haus des Gehenkten)* oder das Porträt des Sammlers Victor Chocquet, die er im »Salon« ausstellt und die sie schrecklich bunt finden. Seit er im Jas zu Hause ist, fühlt sich Cézanne noch mehr als Provenzale, und vor allem seit er weiß, daß er seinen Blick, seine Malerei, nicht von diesem, seinem Land lösen kann. Er hat immer davon geträumt, Porträts zu malen, die menschliche Gestalt, auch nackte Körper, aber es ist nicht leicht, ein professionelles Modell zu finden, und es hätte sich sehr schnell in Aix herumgesprochen, wenn Frauen sich in seinem Atelier entkleidet hätten, um sich malen zu lassen. Das sind Dinge, die man in Paris machen kann, wo die Künstler sich weniger darum scheren, was ihre Mitbürger sagen, aber in Aix, unmöglich! Und im Grunde geniert sich Cézanne, allein mit einer nackten Frau zu sein. Denn er ist schüchtern, ist immer schüchtern gewesen. Er hat sich in der Gegenwart

»*E*r (Cézanne) malte viel im Garten, der ihm zu jeder Jahreszeit einen neuen, faszinierenden Anblick bot: im Sommer die schattige Kastanienallee, deren üppiges Blattwerk einen Teil des Hauses verdeckte; im Winter die kahlen Zweige der Bäume, die in der Ferne die Umrisse des Mont Sainte-Victoire erkennen ließen und die sich im Wasserbecken spiegelten.«
John Rewald

Bassin und Waschplatz im Jas de Bouffan
New York, Metropolitan Museum of Art

von Frauen nie so recht wohl gefühlt, schon gar nicht ungezwungen. Also keine Nackten, aber Bilder von Menschen und Porträts. Er entschließt sich, die einfachen Leute des Jas zu verewigen, seine provenzalischen Brüder, weniger als Porträts, in der Einsamkeit des Modells, das mit dem Maler konfrontiert ist, sondern in komplexeren Anordnungen, mit mehreren Menschen auf einmal. Eine Gruppenszene, die Vision einer Gemeinschaft, eine Hommage an das Volk der Provence, an jene einfachen Leute, über die er, wie Jean Arrouye überliefert, zu Jules Borély sagt: »Ganz besonders liebe ich den Anblick von Leuten, die gealtert sind, ohne der Natur Zwang anzutun, die sich ganz den Gesetzen der Zeit überlassen haben.« Cézanne folgt jedoch nicht Joachim Gasquet in dessen Heimatkunst. Ohne jede Volkstümlichkeit malt er die *Joueurs de cartes (Kartenspieler)*, mehrere Male, auf seine höchsteigene Art. Immer bemüht, bei jedem Bild noch weiterzugehen, eine noch größere Wahrhaftigkeit zu finden. Dafür ist es nicht notwendig, die Spieler posieren zu lassen. Es genügt, sie zu betrachten, sie zu beobachten. Sonntags abends treffen sie sich, um zu trinken und Karten zu spielen. Sie nehmen Cézanne, der für sie kein Großgrundbesitzer ist, jemand aus einer anderen Welt, in ihren Kreis auf, und er sitzt mitten unter ihnen, friedvoll, wortkarg wie immer, trinkt von ihrem Wein oder bringt eine Flasche mit. Er schaut und malt. Vor allen Dingen aber schaut er. Das ist zumeist, und eigentlich immer mehr, seine Vorgehensweise. Valabrègue und Vollard, die er porträtiert, berichten, daß er bei den Sitzungen verbissen versucht, das rechte Licht zu finden: Er schaut mehr, als er malt, er nimmt alles in sich auf, und erst wenn das Modell gegangen ist, macht er sich wirklich an die Arbeit. Cézanne beobachtet also zunächst die Bauern des Jas, und dann, in der Einsamkeit seines Ateliers, malt er in aller Ruhe die *Joueurs de cartes*. Joachim Gasquet, lange Zeit ein willkommener Gast im Jas, gibt einen Einblick in Cézannes Werkstatt: »Im Atelier des Jas de Bouffan gibt es einige Gemälde, auf denen sich kräftige Bauern mit sonnengebräunter Haut, breiten Schultern und von härtesten Mühen gezeichneten Händen von ihrer Arbeit ausruhen. Vor allem einer, in einem blauen Hemd, mit einem roten Tuch um den Hals, die Arme locker schlenkernd, ist so eindrucksvoll in seiner rauhen Ursprünglichkeit wie ein Stiefmütterchen einer abgelegenen Ecke, das plötzlich Gestalt angenommen hat in diesem herrlichen, urwüchsigen, von der Sonne gegerbten und dem Wind gepeitschten Fleisch. Andere spielen Karten und rauchen in dem Raum eines Wirtschaftsgebäudes … Alle sind kräftig, ausgeglichen, man spürt ihren gesunden Menschenverstand, ihre innere Ruhe, sie haben keine anderen Sorgen, als die Erde zu lieben und sie fruchtbar zu machen …« Lionello Venturi schreibt, etwas weniger poetisch, über diese Gemälde, die einen besonderen Platz in Cézannes Werk einnehmen: »Die Bauern sind darauf als

Vierzig Jahre lang bleibt Cézanne dem Haus und dem Park des Jas de Bouffan treu. Von dort kann er den Mont Sainte-Victoire sehen, mit dem er, wie jeder gute Bürger von Aix, seit seiner Kindheit eng verbunden ist. Voller Ehererbietung widmete er ihm unzählige Gemälde, gekrönt von den vollkommenen Bildern des Mont Sainte-Victoire seiner letzten Jahre.

Selbstbildnis vor der Staffelei
Zürich, Sammlung Bührle

Rechte Seite:
Der Mont Sainte-Victoire

Individuen dargestellt, als handele es sich um Porträts, aber sie haben zugleich auch etwas Allgemeingültiges wie Ideen, etwas Feierliches wie Monumente, etwas Starkes wie ein moralisches Bewußtsein.«

Nach dem Vater stirbt die Mutter. Man muß den Jas verkaufen. Vielleicht hätte Cézanne die Anteile seiner Schwestern Rose und Marie zurückkaufen können, aber wie sollte er ganz allein das Gut unterhalten? Nein, das wäre eine zu große Belastung. Marie, noch immer unverheiratet, hat sich seit dem Tod von Louis-Auguste darum gekümmert, sie könnte mit ihm dort zusammen leben und für ihn sorgen. Aber sie zieht es vor, in der Stadt zu bleiben. Der Jas ohne seine Mutter, nein, das wäre zu einsam, das wäre ein Haus der Erinnerungen, ein Gespensterhaus. Schweren Herzens entschließt er sich auszuziehen, vierzig Jahre seines Lebens und seiner Malerei hinter sich zu lassen. Er läßt sich in der Stadt nieder, in einem kleinen Haus, das besser für einen alten, allein lebenden Mann geeignet ist, der nur selten von seiner Frau und seinem Sohn Besuch bekommt. Alles, was er nicht brauchen kann, verbrennt er und nimmt nur das Nötigste mit. Doch er besitzt auch nicht viel, abgesehen von seinen Malutensilien und Gemälden, da die Malerei den größten Platz in seinem Leben einnimmt. Den Jas hat er zwar verloren, aber die Malerei wird ihm zumindest für immer bleiben. Auch wenn diese schwierig ist, widerspenstig, sich ihm nicht so hingibt, wie er es gern hätte, wenn sie ihn mehr mit Zweifeln als mit Freude begleitet, er kann ohne sie nicht leben. Er hat ihr alles gegeben, und er ist noch nicht am Ende. So läßt er den Jas hinter sich, ohne allzuviel zurückzuschauen. Bedeutsam sind die Gemälde, die es fortzuführen, zu vollenden gilt, diese verfluchten Gemälde, deren Fertigstellung ihm nicht gelingen will. An Ideen und neuen Vorhaben fehlt es ihm nicht. Noch immer hat er den Eindruck, erst am Anfang zu stehen. Er möchte riesige Bilder malen, mit Menschen in der Landschaft, nackte Körper in der Natur, zwischen Wasser, Himmel und Bäumen, badende Frauen und Männer.

In der Stadt

Ich arbeite mit Ruhe,
und ich esse und schlafe ebenso.

Cézanne an Coste

1899. Seit dem Tod seiner Mutter sind zwei Jahre vergangen. Seitdem hat sich Cézanne nur selten im Jas aufgehalten. Beinahe ein Jahr hat er in der Region Paris zugebracht und ist nur nach Aix zurückgekehrt, um den Familienbesitz zu verkaufen. Dann aber kommt es anders. Er läßt sich in der Rue Boulegon 23 nieder, zwei Schritte von dem Haus entfernt, in dem sich die väterliche Bank befand, in der er selbst einige Monate gearbeitet hat. Sein erster Versuch, Pariser Freiheit und künstlerisches Abenteuer zu genießen, war zum Scheitern verurteilt gewesen. Es hatte ihn damals viel Zeit und Kraft gekostet, seinen Vater zu überreden, ihn nach Paris ziehen zu lassen, wo Zola auf ihn wartete; schließlich war es ihm gelungen, sein Vater hatte ihn begleitet, und Marie ebenfalls. Und sie haben ihn dort seiner Neigung, der Malerei, nachgehen lassen. So hat er, wenn auch nur für kurze Zeit, das Boheme-Leben kennengelernt. Doch entmutigt, an seiner Berufung und seinem Talent zweifelnd, unfähig einfach nur das Leben zu genießen, wie die meisten seiner lebenslustigen Freunde es taten, die sich bald im Atelier, bald im Café aufhielten, nicht imstande, das Porträt, das er von Zola begonnen hatte, fertigzustellen, streckte er die Waffen und kehrte nach Aix in den Schoß seiner Familie

Nach dem Tod seiner Mutter zieht Cézanne aus dem Jas de Bouffan, der verkauft wird, aus und läßt sich gleich neben der Kathedrale von Aix, in der Rue Boulegon, nieder. Seine Köchin und Haushälterin ist Madame Brémond. Möglicherweise hat sie für dieses Bild Modell gesessen.

Frau mit Kaffeekanne

Paris, Musée d'Orsay

*I*n diesem Haus hat Cézanne die letzten Jahre seines Lebens verbracht. Er hat sich dort ein Atelier eingerichtet, in dem er arbeitet, wenn er nicht im Freien malen kann. Später läßt er sich über der Stadt, am Chemin des Lauves, ein Atelier erbauen.

Rechte Seite:
Aix-en-Provence, Place des Ormeaux, um 1900

zurück. Der Vater nahm den verlorenen Sohn freudig auf und besorgte ihm sogleich eine Anstellung in seiner Bank. Aber auch die Bankkarriere war nur von kurzer Dauer, und der Versuch, ein angesehener Bürger von Aix zu werden, scheiterte. Er hatte geglaubt, durch eine Willensentscheidung mit der Kunst brechen zu können, die Sirenen nicht mehr zu hören, die ihn von zu Hause, von einem vorgezeichneten Weg weglocken wollten. Doch die Arbeit im Büro, die Rechnungsbücher langweilten ihn, und Vermehrung des Geldes schien ihm kein reizvolles Lebensziel zu sein. Immerhin hatte er einen Versuch gemacht, auch wenn er bald feststellen mußte, daß er für ein solches Leben nicht geeignet war, daß sein Lebensglück darin bestand, auf dem Land herumzustreifen, Wind und Wetter zu atmen und sich an der Natur zu ergötzen. So begann er wieder zu malen, und er schwor sich, erneut nach Paris zu gehen. Die Malerei hatte ihn nicht losgelassen. Mit Genehmigung seines Vaters, der resigniert eingewilligt hatte, richtete er sich im Jas unter dem Dach ein Atelier ein.

Er befindet sich nun also wieder in der Straße, an die er keine sehr guten Erinnerungen hat. Die Wohnung liegt im ersten Stock, das Atelier unterm Dach. Madame Brémond, eine kräftige, rundliche, ausgeglichene Frau von rund vierzig Jahren, ist seine Haushälterin. Marie hat sie für ihren Bruder engagiert. Marie wohnt ganz in der Nähe und kümmert sich weiter um die Angelegenheiten von Paul. Sie versucht, ihm das Leben, wo sie kann, zu erleichtern, verwaltet sein Geld und bezahlt die Lieferanten, damit er sich in aller Ruhe seiner Malerei widmen kann, von der sie, wie sie gern zugibt, keinen Deut versteht. Madame Brémond also führt das Haus, kümmert sich um die Küche und den Haushalt des Malers, der älter wirkt, als er ist, und schon bald das Gehabe eines Greises annimmt. Doch ist sie mehr als nur eine Haushälterin, sie ist auch seine Vertraute, die diskret und aufmerksam am Privatleben des Künstlers teilhat. Mit ihr spricht er gern, erzählt ihr von den Geschehnissen des Tages. Er redet sie respektvoll mit »Madame Brémond« an, und sie ist ihm, wie man berichtet, herzlich zugetan. Vielleicht hat er sie, burgerlich gekleidet, auch zweimal im Bild festgehalten *(La Dame au livre, La Dame en bleu / Frau mit Buch, Frau in Blau)*, aber man weiß nicht, wann diese beiden Gemälde entstanden sind und wer auf ihnen abgebildet ist. Kleid und Hut sind zwar gleich, doch sind die beiden Figuren sehr unterschiedlich, so daß man nicht sicher ist, ob es sich um ein und dieselbe Person handelt. Einige Cézanne-Kenner vertreten die Ansicht, daß es sich um ein Pariser Modell handelt, andere wiederum, die dieser aufmerksamen Frau, die Cézanne in seinen letzen Jahren umsorgte, gern ein Gesicht geben möchten, glauben das gleiche Modell noch in einem weiteren Bild zu erkennen *(La Femme à la cafetière / Frau mit Kaffeekanne)*, ohne jedoch einen klaren Beweis dafür zu haben, daß diese erschöpfte Köchin, die Hauptfigur eines der anrührendsten Gemälde von Cézanne, die Haushälterin aus der Rue Boulegon ist. Folgt man allerdings der Vernunft, dann bleibt Madame Brémond gesichtslos.

Cézanne hat sich, wie gesagt, ein Atelier im zweiten Stock eingerichtet. Doch ist er nicht sehr zufrieden damit, bietet es ihm doch keineswegs die gleichen Vorteile, die er im Jas de Bouffan genoß. Das Licht ist nicht so hell, so rein, so natürlich: Er beklagt sich über einen hohen Ziegelkamin, der rotes Licht reflektiert. Einmal, an einem Sonntag morgen, wird ein gewisser Léo Larguier von Madame Brémond zu einem »Dachboden« geführt, »den man zur Hälfte unter dem Dach ausgebaut hatte, einem riesigen Raum mit kleinen Fenstern ... «. Dieser junge Mann absolviert seinen Militärdienst in Aix und ist ein Bewunderer von Cézanne. Er nutzt die Gelegenheit seiner Stationierung in dieser Stadt, um die Bekanntschaft des Künstlers zu machen, und er hat das Glück, Zutritt zu jenem geheimen Ort in Aix zu erlangen, wo eine neue, außergewöhnliche Malerei entsteht. Hier entstehen die Stilleben, die Cézanne komponiert, wenn er nicht auf dem Land nach der Natur malt. Wenn das Wetter es erlaubt, zieht er jeden Tag aus der Stadt hinaus, läßt sich von einem Kutscher an die Plätze bringen, die er, inmitten von Bäumen und nach dem Vorbild von Pissarros Freilichtmalerei, die er bereits zu Zeiten des sich ausbreitenden

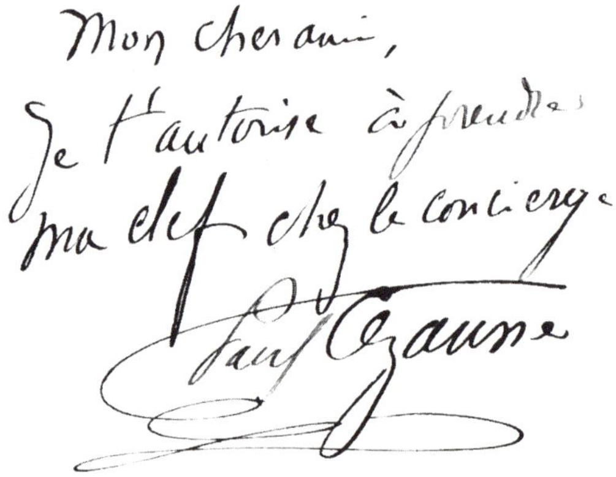

Mon cher ami,
Je t'autorise à prendre ma clef chez le concierge
Paul Cézanne

Impressionismus angewendet hat, im Bild festhalten will. Inzwischen hat er sich von den Impressionisten entfernt. Er sucht nicht mehr wie sie nach dem Eindruck eines Augenblicks, vielmehr ist er bemüht, das Motiv zu durchdringen und dessen ganze Wahrheit zu ergründen. Er bräuchte dringend ein mehr in der Natur gelegenes Atelier, wie er es vordem im Jas besessen hat. Da er über Geld verfügt, läßt er sich eines bauen. In der Zwischenzeit arbeitet er in Aix (unterbrochen von langen Aufenthalten in Paris) in dem Raum unter dem Dach. Dieser duftet, wie Léo Larguier bei seinem Besuch bemerkt, stark nach Früchten, die überall herumliegen und vertrocknen: »... das Atelier roch wie die bäuerlichen Kammern, in denen man im Herbst Birnen und Pilze aufbewahrt.« Cézanne ist gerade dabei, ein kleines Gemälde zu vollenden, auf dem zwei Äpfel und einer jener Töpfe zu sehen sind, die in der Provence für Oliven verwendet werden. Er zieht ein Messer aus seiner Hosentasche, nimmt einen Apfel, schneidet ihn entzwei und bietet dem Besucher eine Hälfte an.

In einer Ecke steht ein Strauß Papierblumen, die ihm als Vorlage für ein großformatiges Stilleben dienen. Sie sind völlig steif und haben ihre Farbe bereits so stark verloren, daß sie für Cézanne bald auch nicht mehr besser geeignet sind als natürliche Blumen. An der Wand hängt eine kleine Skizze von Delacroix, auf der ein einsamer Löwe in der Wüste zu sehen ist.

Überall stehen Leinwände, in buntem Durcheinander, und warten darauf, nochmals überarbeitet oder weggeworfen zu werden. In den letzten Jahren wandern einige von ihnen zu seinem Sohn Paul nach Paris, der sich um die Gemälde seines Vaters kümmert, sie an Käufer vermittelt. Andere verschwinden in Augenblicken der Wut, in denen Cézanne sie zersticht, die Rahmen zerbricht und von Madame Brémond verfeuern läßt. Neben dem Atelier gibt es eine kaum sichtbare kleine Kammer, aus der er manchmal eine Aquarellzeichnung von Delacroix oder einen Blumenstrauß holt, um sie bewundern zu lassen.

Cézanne malt in der Rue Boulegon zahlreiche Stilleben. Der junge Schriftsteller Léo Larguier, der ihn häufig besucht, ist erstaunt über den Obstgeruch, von dem sein Atelier erfüllt ist.

Das Büfett

Budapest, Szépmüvészeti Múzeum

Linke Seite:
Eingangstür zu Cézannes Wohnung in der Rue Boulegon

Im Eßzimmer finden sich häufiger Besucher ein. Es ist recht schmucklos, nur einige Möbel aus dem Jas befinden sich darin. Ein runder Tisch aus Nußbaum. Sechs Stühle. Ein »bescheidenes Büffet«, laut Larguier. »Ein Ehrenkreuz in einem Rahmen an der Wand und eine Pfeife auf dem Kamin, man hätte meinen können, sich bei einem Hauptmann im Ruhestand zu befinden.« Auf dem Sessel liegt, vergessen, Madame Brémonds schwarze Haube.

Zum Mittagessen empfängt Cézanne häufig seine jungen Freunde. Charles Camoin, ein Soldat, der im Zivilleben Maler ist, bringt ihm große Bewunderung entgegen. Der Schriftsteller Joachim Gasquet, Sohn seines Jugendfreundes, des Bäckers, ist ebenfalls einige Zeit ein treuer Gast.

Am Sonntag ist auch Larguier dabei. Madame Brémond öffnet ihm, und Cézanne empfängt ihn gelöst mit einigen lustigen Sprüchen. Man verliert wenig Zeit und setzt sich sogleich zu Tisch. Zum Essen gibt es »kleine, heiße Pasteten von einem angesehenen Bäcker« und ein Hühnerfrikassee mit Oliven und Pilzen. Cézanne leidet im Alter an einem leichten Diabetes. Natürlich muß er etwas aufpassen und das Weißbrot meiden, das er durch einen Diätkuchen ersetzt, der, wie Larguier meint, in Bouillon getaucht, wie »glasiertes Tongeschirr« aussieht. Im übrigen hat der Maler guten Appetit. Es wird ein einfacher Wein serviert, die Literflasche steht auf dem Tisch, und es wird reichlich eingeschenkt.

Cézanne liebt die Früchte seines Landes, die traditionelle Küche der Provence. Als er jung war, fuhr er niemals nach Paris, ohne in seinem Gepäck eine Korbflasche Olivenöl mitzunehmen. Und er, der seine Freunde ebensosehr mit seinem Akzent wie mit seinem kulinarischen Geschmack schockierte, ließ keine Gelegenheit aus, ein Loblied auf die Tomate und den Knoblauch zu singen. Er betonte stets seine provenzalische Herkunft, auch unter den Impressionisten, die ihrerseits stets eher darauf bedacht waren, nicht provinziell zu erscheinen. Als besonderes Lob ist es denn auch zu verstehen, wenn er über den Bildhauer Puget, der es

Abgesehen von seiner Malerei und seinem Atelier lebt Cézanne wie ein Kleinbürger. Seine Bewunderer, die damit rechnen, einem avantgardistischen Künstler zu begegnen, sind darüber meist sehr erstaunt.

Rechte Seite: Salbei-Knoblauch-Suppe (Rezept S. 129)

verstanden hat, etwas fleischliche Qual in seinen Klassizismus zu legen, in freundschaftlicher Herzlichkeit sagt, daß er »nach Knoblauch rieche«.

Einmal, in einer Runde unter Freunden in Aix, klatscht man über eine bedeutende Persönlichkeit der Stadt, einen Mann, dem man vor allem vorwirft, die Mitgift seiner Frau zu verschwenden. Da Cézanne nicht in das allgemeine Konzert übler Nachrede einstimmt, fragt man ihn, welche Eigenschaften er an dem Mann schätze. Mit Schalk in den Augen antwortet er: »Ich finde, daß er sich meisterhaft darauf versteht, Oliven für seine Tafel zu kaufen.«

An einem anderen Sonntag sind die Gäste zahlreicher, denn Larguier kommt in Begleitung von zwei weiteren jungen Bewunderern des Malers, Charles Camoin und Louis Aurenche. Diesmal hat Madame Brémond ein Huhn gebraten, das sie auf dem Büfett des Wohnzimmers zerlegt. Der Tisch, das Tischtuch, das Geschirr, das ist eigentlich schon ein Stilleben, und das Loblied aufs Essen ist ein Gemeinplatz der Malerei. Cézanne fühlt sich wohl in Gesellschaft dieser jungen Leute, die ihn achten, ihn verehren, während seine Mitbürger ihm wenig Beachtung schenken. Er ist gesprächig, er ermutigt sie und beweist ihnen Vertrauen: Die Kunst befindet sich stets vor uns, in den Händen der Jungen, muß stets von neuem erobert werden. Er hat nichts verloren von seiner Leidenschaftlichkeit, von seinem kämpferischen Geist, wenn er über Malerei redet. Und auch nichts von seiner glühenden Begeisterung, seiner Besessenheit, die ihn Tag für Tag und Jahr um Jahr an die Arbeit treiben, auf der Suche nach dem Geheimnis der Malerei.

»›Man sollte tausend Maler im Jahr töten‹, sagte Cézanne.

›Und wer sollte die Aufgabe übernehmen, sie auszuwählen?‹ fragte Camoin.

›Wir natürlich!‹ schrie Cézanne, und dabei sprach wohl der tyrannische Dämon aus ihm, dem es gefiel, ihn zu quälen, indem er ihm mysteriöse Bilder vorgaukelte. Er berührte mit seinen klobigen Fingern, die geschwollen schienen, erst den Hals einer Flasche, dann den Rand eines daneben stehenden Einmachglases. Daraufhin schaute er uns an und murmelte:

›So ist es!...‹

Als Madame Brémond den Tisch abräumte und die Flasche und den Steinguttopf forttrug, folgte ihr der Meister mit den Augen. Und einen kurzen Moment lang dachte er, glaube ich, daran, ihr zu sagen, alles stehenzulassen, nahm sie doch, ohne es zu wissen, die Flasche und den Topf mit, an denen sich ihm die geheimen und flüchtigen Beziehungen der Dinge untereinander gezeigt hatten.«

Leider hat Madame Brémond niemals ihre Erinnerungen an den Meister erzählt, den sie Jahre umsorgt und von ihren Kochtalenten profitieren läßt. Ihre große Spezialität ist die *Daube*, der Schmorbraten, den sie mit Cognac beträufelt, »nach Tradition der Rhôneschiffer«. Dem Cognac ist Cézanne nicht abgeneigt, besonders wenn er etwas Stärkung braucht. Manchmal zieht er aber auch einen kräftigen Schluck Rum vor. Madame Brémond, die

Madame Brémond ist eine gute Köchin, aber da Cézanne an Diabetes leidet, kann er den Speisen nicht so zusprechen, wie er es gern würde. Wenn er Gäste hat, nutzt er jedoch die Gelegenheit, um seine Diät nicht streng einzuhalten.

Makkaroni mit Lammsauce (Rezept S. 168)

Folgende Doppelseite: Kleine, heiße Teigtaschen (Rezept S. 139)

weiß, daß dies nicht in die Diät paßt, die er wegen seines Diabetes einhalten muß, versteckt bisweilen die Flaschen. Die junge Thérèse, die eine Zeitlang in der Küche hilft, amüsiert sich darüber und erzählt es Jahrzehnte später, als sie selbst bereits eine alte Dame ist, einer Studentin, die bei ihr wohnt.

Man hat häufig berichtet, daß Cézanne menschenfeindlich, schwierig, aufbrausend und zänkisch gewesen sei, und es gibt viele überlieferte Begebenheiten, die diese Auffassung bestätigen. Es genügt schon, daß er glaubt, man wolle ihn »in Beschlag nehmen« – das ist ein Ausdruck von ihm –, man wolle ihn nicht in Frieden lassen, wolle ihn seiner Ruhe, der Konzentration, die für seine Arbeit so notwendig ist, berauben, und sofort fängt er einen heftigen Streit mit dem Ruhestörer an, der ihm plötzlich unendlich lästig ist. Oder, noch verblüffender, er gerät in Wut, läuft weg, nur weil er berührt oder gestreift wird, weil man ihn festhalten will, als er stolpert, wie es einmal dem Maler Émile Bernard passiert ist. Die Empfindung ist stärker als er selbst, seit langem schon, seit seiner Kindheit, als er einmal von einem Kameraden brutal mißhandelt wurde. Wenn zum Beispiel in seinen jungen Jahren in Paris, während seiner impressionistischen Boheme-Zeit, eine Kellnerin in einem Restaurant an seinen Stuhl stieß, dann war das ein Drama. Madame Brémond hat dies Émile Bernard anvertraut, als er sie fragte, weshalb Cézanne so außer sich geraten sei, als er ihn halten wollte: Sie selbst weiß nur zu gut, daß sie es um jeden Preis vermeiden muß, diesen merkwürdigen Menschen zu berühren.

Wenn er in der Stadt speist, ist er ein liebenswürdiger und den anderen gegenüber aufmerksamer Gast. Doch möglicherweise langweilt er sich, fühlt sich nicht richtig wohl, wenn das Beisammensein über den Kreis alter Kameraden hinausgeht und an eine gesellschaftliche Veranstaltung erinnert. Vielleicht geht er deswegen immer weniger aus. Aber er ist nicht so ungesellig, wie man häufig sagt. Der Schriftsteller Edmond Jaloux ist einmal an einem Abend gemeinsam mit Cézanne bei Joachim Gasquet eingeladen. Er erwartet, einer bedeutenden Persönlichkeit zu begegnen, einem sagenhaften Maler, dessen Ruhm, wenn auch erst bei einer kleinen Zahl von Leuten, bereits Legende ist: »Plötzlich öffnete sich die Tür. Und es trat jemand mit beinahe übertriebener Zurückhaltung und Vorsicht ins Zimmer. Er hatte das Aussehen eines Kleinbürgers oder wohlhabenden Landwirts, mit einer gewissen Schläue und Förmlichkeit. Sein Rücken war leicht gebeugt, seine Gesichtshaut gebräunt und mit roten Flecken überzogen, die Stirn war frei, seine Haare hingen in langen Strähnen herunter, in seinen Augen war etwas Neugieriges, Stechendes, seine Nase war bourbonisch und etwas gerötet, und er trug einen herabhängenden Schnurrbart sowie einen militärischen Kinnbart. So ist mir Paul Cézanne erschienen... Seine Art zu sprechen war näselnd, langsam, sorgfältig, es lag etwas Behutsames, Liebevolles darin. Ich lauschte ihm, wie er mit Einfühlsamkeit, Würde und Tiefe über die Kunst oder die Natur sprach.«

Und Léo Larguier, der das Glück hatte, mit Cézanne enge, freundschaftliche Beziehungen zu unterhalten, berichtet: »Man hat häufig gesagt, daß Paul Cézanne zänkisch gewesen sei. Ich kann das, was mich betrifft, nicht bestätigen. Er war schüchtern und neigte sicherlich auch zu Verfolgungswahn, aber ich habe ihn ein Jahr lang häufig gesehen, und es ist niemals etwas zwischen uns vorgefallen.« Die Amerikanerin Mary Cassatt, eine schillernde Figur der impressionistischen Bewegung, hat ebenfalls ein gutes Andenken an Cézanne bewahrt. Sie begegnete ihm im Gasthaus in Giverny. Sein Anblick hat sie zunächst etwas verschreckt, aber seine Freundlichkeit und Offenheit nahmen sie schnell für ihn ein: »Seine Umgangsformen haben mich zu Beginn ein wenig erstaunt: Er kratzt seinen Suppenteller aus, hebt ihn dann hoch und gießt die letzten Tropfen in seinen Löffel. Er nimmt ein Kotelette in die Hand und nagt das Fleisch vom Knochen. Er ißt mit seinem Messer und unterstreicht jede Geste, jede Bewegung mit diesem Instrument, das er in die Hand nimmt, wenn er seine Mahlzeit beginnt, und erst wieder weglegt, wenn er vom Tisch aufsteht. Doch, abgesehen von seiner Verachtung für gute Tischsitten, ist er uns gegenüber von einer nur selten anzutreffenden Zuvorkommenheit. Er läßt nicht zu, daß Louise ihn, nach der üblichen Tischordnung, vor uns bedient. Selbst der einfältigen Dienstmagd gegenüber zeigt er sich höflich: Wenn sie den Raum betritt, zieht er seine alte Baskenmütze vom Kopf, die seinen kahlen Schädel bedeckt.»

Manchmal wartet Cézanne am Ausgang der Kaserne auf Larguier, um mit ihm essen zu gehen. Oder sie setzen sich ins stets sehr belebte Straßencafé Clément auf dem Cours Mirabeau, wo Männer von Welt, Offiziere und Studenten verkehren und wo es auch Musik gibt, eine Gruppe, die Klavier, Geige und Cello spielt. Dort sitzt Cézanne im Kreise seiner jungen Freunde, die ihn, überzeugt von seinem Genie, glühend verehren. Er ist bescheiden, spricht offen über seine Zweifel, zeigt sich einerseits überzeugt von dem Weg, den er eingeschlagen hat, andererseits aber beunruhigt darüber, so wenig Erfolg zu haben. Léo Larguier nimmt mit Verwunderung zur Kenntnis, daß keiner der Stammgäste des Café Clément,

abgesehen von jenen, die sich am Tisch befinden, den Künstler grüßen, obwohl er doch ein alteingesessener Bürger von Aix ist. Natürlich, Cézanne ist selten in der Stadt, und schon seit langem meidet er den Umgang mit den Bürgern, übrigens drängen sich diese auch nicht gerade um ihn. Selbst zu Joachim Gasquet geht er auf Distanz, da er ihn etwas zu »aufdringlich«, zu literarisch und geschwätzig findet. Er wirft ihm vor, sich zu stark in den Vordergrund zu spielen, in seinem Salon den großen Mann zu markieren. Cézanne fühlt sich dort nicht wohl, hat er doch den Ruf, eine sehr derbe Sprache zu haben und mit seinem Urteil nicht zurückzuhalten, zum Beispiel offen zu sagen, was er über einen Kollegen denkt, den er für nichts weiter als einen Aufschneider hält, einen Nachahmer abgedroschener Verfahren, ohne Courage, ohne Wahrheitsliebe, ohne Geist. Oder über den Konservator des Museums, der eine Niete sei und keine Ahnung habe. Die allgemein verbreitete Ansicht, Cézanne habe einen schlechten Charakter gehabt, ist trotzdem übertrieben.

Man hat auch häufig gesagt, Cézanne hätte keinerlei Wert auf seine Kleidung gelegt, sie sogar vernachlässigt. Nun ist sicher richtig, daß er sich als junger Mann in Paris darin gefiel, den Mann vom Lande zu spielen und einen roten Flanellgürtel über der Hose zu tragen, wie die Bauern seiner Heimat. Denn er wollte weder wie ein Pariser noch bürgerlich wirken, und wie viele schüchterne Menschen fürchtete er sich nicht, die Blicke der Leute auf sich zu ziehen. Dennoch hat er nie wie Manet als »Herr« oder wie ein baudelairescher Held als Dandy erscheinen wollen, genausowenig wie als Künstler oder Bohemien. Er achtete nur einfach nicht allzusehr auf sein Äußeres, war zerstreut, und seine wenig sorgfältige Art, mit Messer, Pinsel und Palette umzugehen, führte nun einmal zu Farbflecken auf Jacke, Weste und Hose. Trotzdem beteuert Larguier, daß man den schlechten Zustand von Cézannes Kleidung sehr übertrieben habe, seinem Zeugnis nach war er besser angezogen als die meisten anderen Leute in Aix: »Wenn er einen Wollpullover unter seiner Jacke trug, so erstaunte das niemand auf dem Cours Mirabeau oder der Place Saint-Jean de Malte, und zudem war er so bestens gerüstet, um in Pinchinats oder Tholonet zu malen.« Gustave Coquiot, der erste Biograph des Malers, hingegen schrieb, wahrscheinlich nach den Erinnerungen anderer Zeitzeugen, Cézanne sei »stets schmutzig« gewesen, habe »um den Hals eine Krawatte wie ein Schnurband, im Winter einen weiten Überrock wie ein Hausierer und dazu große Fuhrmannsschuhe ...« getragen. Es ist nicht ein-

Cézanne hat nur wenige Blumensträuße gemalt, denn er bevorzugte echte Blumen als Motiv. Diese aber verwelkten meist, bevor sein Gemälde fertig war.

Blumenstrauß in kleiner Delfter Vase
Paris, Musée d'Orsay

Rechte Seite:
Birnen und Quitten in Honig
(Rezept S. 172)

fach, Wirklichkeit und Legende zu unterscheiden. Man kann aber wohl davon ausgehen, daß Cézanne nicht immer gleich sorgsam auf sein Äußeres bedacht war, daß er sich bisweilen bemühte, seinen Freunden oder Gästen Ehre zu erweisen, bisweilen aber auch nachlässig war, wenn er Leute traf, die er nicht sehr schätzte, und manchmal einfach nur unachtsam.

Léo Larguier dürfte Cézanne sicher am besten gekannt haben, vielleicht weil er ihm niemals den Eindruck gab, ihn ausnutzen zu wollen, ihn »in Beschlag zu nehmen«. Daher zögert der alte Maler auch nicht, die Einladung des Soldaten anzunehmen und sich mit Frau und Kind in die Cevennen zu begeben, wo die Eltern von Larguier leben. Es war damals gerade die Jagdsaison und die Zeit der Steinpilze und Blätterpilze: »Im Haus gab es eine Frau vom Lande, die das Wild zuzubereiten verstand und die Pilze in schwerem, dickflüssigem Olivenöl in der Pfanne kurz anbriet...« Cézanne, berichtet Larguier, »wirkte

wie ein alter Verwandter auf Besuch und schien während der ganzen Tage niemals von *dieser gottverfluchten Malerei* gequält worden zu sein«. Und klug fügt er hinzu: »Er entzog sich damit der Mühe, die Kastanienbäume der Cevennentäler auf die Leinwand zu bannen, die nicht die Brüder seiner Bäume, der Kiefern, Olivenbäume und Zypressen, waren.« Während des Aufenthalts bei dieser Bauernfamilie erzürnte er sich nicht ein einziges Mal, wenn Gäste etwas Dummes über Malerei sagten.

Cézanne war also voller Widersprüche. Dieser kompromißlose Mensch, der nichts von seiner ungestümen Montmartre-Mentalität aus seiner Jugendzeit als avantgardistischer Künstler eingebüßt hat, geht regelmäßig zur Messe, in die Kathedrale Saint-Sauveur, unweit der Rue Boulegon. Mit Jackett, weißem Hemd, sauberer Krawatte und Hut. Sein Platz ist unter dem Triptychon von Nicolas Froment, das Moses und den brennenden Dornbusch darstellt. Bei einem Gespräch hat sich Cézanne einmal mit Moses verglichen, da er sich selbst als den Anführer einer neuen Malerei betrachtete, die bald ihr Heiliges Land erreichen wird. Und er soll zu Larguier gesagt haben: »Die Religion ist für mich ein Mittel für meine moralische Gesundheit. Da ich im Leben ein schwacher Mensch bin, stütze ich mich auf meine Schwester Marie, die sich auf ihren Beichtvater stützt, der sich wiederum auf Rom stützt...« Eine etwas kleingeistige Philosophie für einen genialen Künstler, aber Beweis für eine Unsicherheit, die in ihm wohnt und die sich nicht nur auf seine Malerei erstreckt. Wenn es nur die Malerei gewesen wäre... Aber da ist auch das Fleisch, das ihn quält, die Frauen, die ihn umtreiben, oder das Fehlen einer Frau in seinem Leben, denn er ist schon lange nicht mehr mit Hortense beisammen und hat sich auch schon lange nicht mehr auf eine andere Frau eingelassen. Vielleicht geht er immer noch ab und zu in ein Etablissement, wo ein rotes Licht anzeigt, daß man für wenig Geld herzlich willkommen ist. 1885 schreibt er an Zola: »Übrigens lebe ich in absoluter Einsamkeit, das Bordell in der Stadt oder ein anderes, aber sonst nichts...« Das mag der Preis für seine große Zurückgezogenheit sein.

Der Maler Émile Bernard, ein Schüler von Gauguin und glühender Bewunderer von Cézanne, der ihm, ohne ihn zu kennen, ein kleines Buch gewidmet hat, läßt zwanzig Jahre vergehen, bis er auf einer Reise nach Marseille einen Abstecher nach Aix macht, um Cézannes Bekanntschaft zu machen. Sicher hätte er ihn früher treffen können, in Paris etwa, wo sich Cézanne ja regelmäßig aufhielt. Aber auch dort ist der Maler nicht leicht zu finden, da er immer zurückgezogener lebt, unerreichbar scheint. Bernard nimmt also die Bahn, die Marseille mit Aix verbindet, erkundigt sich bei allen und jedem nach der Adresse von Paul Cézanne. Um ihrem Erinnerungsvermögen etwas nachzuhelfen, zeigt er ihnen ein Porträt des Malers, ein altes, das Pissarro gemalt hat und das den Umschlag des Büchleins schmückt, das er jenem gewidmet hat, dem er nun zu begegnen hofft. Erst im Rathaus erhält er die von ihm gewünschte Information. Er läutet an der Hausnummer 23 in der Rue Boulegon. Die Tür öffnet sich auf eine Treppe, deren Stufen er hinaufgeht und auf der er einem freundlichen Greis begegnet, »mit dem Gesicht eines alten Generals«, wie er findet. Dieser will offensichtlich gerade das Haus verlassen, da er mit einem weiten Umhang bekleidet ist und eine jener Taschen mit sich führt, in denen Jäger ihr Wildbret oder ihre Vorräte aufbewahren. Und Cézanne ist tatsächlich gerade im Begriff, zum Malen im Freien zu gehen, doch er nimmt Bernard ohne Umschweife mit, da dieser ja »ein Kollege« ist. Bernard berichtet später, daß er ausgesehen habe »wie ein Räuber« und Kinder ihm sogar Steine hinterhergeworfen hätten.

Am folgenden Tag, glücklich über die Begegnung und den Empfang, der ihm zuteil geworden ist – am selben Tag noch war er zum Mittagessen eingeladen worden –, kehrt Bernard zu früher Stunde nach Aix zurück, um nach einer Unterkunft für sich und seine Frau zu suchen. Um elf Uhr klingelt er wieder in der Rue Boulegon, wo man meist sehr früh zu Mittag ißt, da Madame Brémond nicht gerne mit dem Mittagessen wartet. Der Gast bemerkt, daß Cézanne »geschwollene, rote« Augen hat, ein »aufgedunsenes« Gesicht, eine Nase mit einer »leicht violetten Färbung«. Er habe »sehr müde für sein Alter« gewirkt und müsse sich, da er »an Diabetes leide, beim Essen einschränken, Diät halten und Arznei zu sich nehmen«. Aber

Wegen seiner großen Schüchternheit und jähen Stimmungsschwankungen galt Cézanne als schwierig. Mit manchen Menschen jedoch verband ihn eine herzliche, treue Freundschaft, auch wenn er sie nur selten porträtierte.

Linke Seite:
Doktor Gachet und Cézanne
Paris, Musée du Louvre,
Abteilung graphische Kunst

offensichtlich hat ihn das nicht gehindert, sich immer wieder neu Wein einzugießen.

Es ist nicht die letzte Mahlzeit, die diese beiden Männer, die schnell eine Freundschaft verbindet, zusammen einnehmen. Das leidenschaftliche Interesse, das ihm Émile Bernard entgegenbringt, schmeichelt Cézanne. Er nimmt ihn zum Malen mit und läßt sich in lange Gespräche verwickeln, in denen es um seine Malerei, seine Ideen und seine Freunde geht. Es ist eine Beziehung voller Vertrauen. Zum Abendessen geht Cézanne zu Bernard in die Rue du Théâtre. Bernard besucht den Maler in Begleitung seiner Frau in der Rue Boulegon. An einem Sonntag ist der Künstler in außergewöhnlich vergnügter Stimmung. »Madame Brémond«, sagt er mit ausgesuchter Höflichkeit zu seiner Haushälterin, »kochen Sie uns heute mittag etwas Gutes!« Offensichtlich hat er Freude an den Mahlzeiten, an der Gesellschaft, an diesen Augenblicken der Gelöstheit: »Bei Tisch war er sehr fröhlich, von einer Fröhlichkeit, die ich nicht bei ihm vermutet hätte, einer Heiterkeit, die von Herzen kam und aufgrund ihrer arglosen Unverfälschtheit und Ungezwungenheit an früher erinnerte.«

Später, gelegentlich einer anderen Reise, besucht Bernard Cézanne noch einmal in Aix und speist wieder in der Rue Boulegon. Er ist dem Maler immer noch treu und begierig nach allem, was aus dessen Mund kommt und was er sorgfältig notiert. Diesmal sind Cézannes Frau Hortense und sein Sohn Paul anwesend, die Paris für kurze Zeit verlassen haben, da ihr Ehemann und Vater immer seltener dorthin kommt. Auch diese Mahlzeit ist sehr lustig. Cézanne spricht viel und ist voll des Lobes für seinen einzigen Sohn, der sich in Paris um seine Angelegenheiten kümmert, wie Marie es in Aix für ihn tut. Um ein Uhr fährt der Kutscher vor, der ihn täglich zu seinen Motiven in der freien Natur bringt, aber diesmal schickt er ihn wieder fort, um Herrn und Frau Bernard nach Marseille zu begleiten, die von dort aus den Zug nach Paris nehmen müssen.

Ambroise Vollard, ein Kunsthändler mit sicherem Gespür für Qualität, interessiert sich für Cézannes Werk, das man in Paris nur selten zu sehen bekommt. Es wird höchstens im »Salon«, bei einigen Sammlern oder bei Tanguy, dem Farbenhändler, ausgestellt. Dieser nimmt Bilder gegen Farben in Zahlung oder verkauft sie zu günstigen Preisen, um den Künstlern, die er mag, aus der Klemme zu helfen und ihnen etwas Öffentlichkeit zu verschaffen. Vollard fährt nach Aix, um den Künstler kennenzulernen. Gemeinsam mit dessen Sohn Paul hat er bereits eine Ausstellung mit Cézannes Werken in der Galerie Rue Laffitte organisiert (das ganze Viertel hat vor den Schaufenstern höhnisch gelacht). Auch er bekundet, daß er von dem Maler herzlich empfangen worden sei, den er übrigens schon einmal in seiner Galerie, anläßlich einer Ausstellung von Werken von Forain, gesehen und mit dem er auch ein paar Worte gewechselt hatte, ohne allerdings zu wissen, daß es Cézanne war. »Beim Abendessen«, berichtet Vollard, »zu dem ich eingeladen war, zeigte sich Cézanne sehr fröhlich. Besonders aber erstaunte mich seine ausgesuchte Höflichkeit und die große Förmlichkeit, wenn er seine Nachbarn um die geringste Gefälligkeit bat. Sein Lieblingsausdruck war: ›Entschuldigen Sie ein bißchen!‹«

Vollard versteht es, sich das Vertrauen der beiden Cézannes zu bewahren, und er wird ihnen eine unbezahlbare Hilfe sein: Er ist ihr Stützpunkt in Paris, er wird das Werk des Künstlers der Öffentlichkeit nahebringen und es gegen Geld tauschen, für das der Sohn weit empfänglicher ist als der Vater. Um diese gute Beziehung zu sichern, schickt Vollard Cézanne, zumindest einmal, eine Kiste guten Weines.

In der freien Natur

»Das Mittagessen bereiteten wir im Freien zu. (...)
Baille hatte ein Feuer mit trockenem Holz gemacht. (...)
Cézanne richtete den Salat auf einem feuchten Tuch an.
Dann hielten wir einen Mittagsschlaf.«

Paul Alexis

Am 8. November 1895 notiert der junge Schriftsteller Émile Solari in seinem Tagebuch: »Gestern haben Cézanne, Emperaire und ich einen Ausflug gemacht. Cézanne, groß, mit weißen Haaren, und Emperaire, klein und mißgestaltet, bildeten ein komisches Paar. Sie erschienen mir wie ein zwergenhafter Mephisto in Begleitung eines alten Faust. Etwas später, nachdem wir ein großes, mit jungen Bäumen bepflanztes Waldstück durchquert hatten, öffnete sich uns plötzlich ein Blick auf eine unvergeßliche Landschaft, das Gebirgsmassiv Sainte Victoire in der Ferne und rechter Hand die sanft abfallenden Hänge der Hügel von Marseille. Das war ein gewaltiger, aber zugleich auch vertrauter Anblick. Und unter uns lag der Staudamm Zola mit seinem grünen Wasser. Mittags aßen wir in Saint-Marc unter einem Feigenbaum das Vesper, das wir in einer Kantine für Erdarbeiter kauften. Nachdem wir die steinigen Hügel zu Fuß überquert hatten, kehrten wir am Abend in Le Tholonet ein. Der Rückweg war sehr lustig, allerdings überschattet von einem Sturz: Emperaire hatte zuviel getrunken und sich sehr weh getan. Daher mußten wir ihn nach Hause begleiten.«

Der junge Émile ist der Sohn des Bildhauers Philippe Solari, eines alten Freundes von Cézanne, der auch malt und mit ihm zusammen manchmal zum Malen hinaus in

In der Île-de-France hat Pissarro Cézanne an die »Freilichtmalerei« herangeführt, bei der die Landschaften ganz vor dem Motiv gemalt werden. In der Provence ist es Cézanne auch recht, wenn ihn andere Maler begleiten.

Cézanne auf dem Weg zum Motiv

die freie Natur geht, wie ein Brief aus dem Jahre 1897 beweist. Cézanne lädt ihn darin ein, sich ihm in Bibémus um acht Uhr morgens anzuschließen. Achille Emperaire ist jener von der Natur nicht gerade verwöhnte Maler, dessen Porträt sich an der Wand im Erdgeschoß des Jas de Bouffan befindet und dessen Aussehen wir von einem anderen, späteren Porträt kennen, das ihn im Schlafrock in einem großen Sessel sitzend zeigt. Cézanne hat ihm gegenüber stets Wertschätzung und Freundschaft bewahrt. Diese beinahe sechzigjährigen Männer sind alte Kameraden. Sie ziehen gemeinsam durch das Land und lassen ihre Jugendzeit wieder lebendig werden.

Im gleichen Herbst steigen Solari und sein Sohn in Begleitung von Cézanne sogar die steilen Hänge des Bergmassivs Sainte-Victoire hinauf. Um den Gipfel zu erreichen, brauchen sie drei Stunden; allerdings hatten sie die Nacht zuvor in Vauvenargues übernachtet, in einer Kammer »geschmückt mit geräucherten Schinken, die von den Balken herabhingen«. Auf dem Rückweg ist Cézanne glänzender Laune und versucht, auf eine Kiefer zu klettern, um zu beweisen, daß er nichts von seiner jugendlichen Gelenkigkeit eingebüßt hat. Unter Lachen muß er allerdings sein Vorhaben aufgeben.

In seinen *Documents littéraires* erzählt Zola, daß er mit Cézanne und ihrem gemeinsamen Freund Baille, einem späteren Schüler der École polytechnique, das Trio »drei Lausbuben« gebildet habe. An freien Tagen hätten sie, erfüllt von einem »tiefen Bedürfnis nach frischer Luft, Sonne und nach abgelegenen Pfaden in tiefen Schluchten« »abenteuerliche Touren durch das Land« unternommen. Im Winter aßen sie in Nachbarorten frisch gebackene Omelette. Im Sommer machten sie am Ufer des Arc oder beim Staudamm, den der Vater von Zola erbaut hatte, Picknick. Im Herbst war Jagdzeit, und das diente ihnen als »Vorwand für lange Streifzüge«, auf denen sie über die Dichter, die sie schätzten, sprachen, über Victor Hugo oder Alfred de Musset, über »die überwundene Romantik« des einen oder die »ironische Romantik« des anderen.

Paul Alexis, ein heute in Vergessenheit geratener Romancier, berichtet ebenfalls von einer Jagdpartie. Der erste, der erwachte, warf Kieselsteine gegen die Fensterläden, um die anderen zu wecken. Wenn die Sonne aufging, waren sie schon unterwegs. Die Marschverpflegung hatten sie bereits am Abend vorher sorgfältig vorbereitet und in ihren Jagdtaschen verstaut. Wenn sie Hunger bekamen, legten sie eine Pause ein und machten Picknick. »Das Mittagessen bereiteten wir im Freien zu. Baille hatte ein Feuer mit trockenem Holz gemacht, vor dem, an einer Schnur aufgehängt, die mit Knoblauch marinierte Hammelkeule briet. Zola hielt sie in Bewegung, damit sie gleichmäßig bräunte. Cézanne richtete den Salat auf einem feuchten Tuch an. Dann hielten wir einen Mittagsschlaf. Darauf zogen wir, das Gewehr geschultert, wieder los und begaben uns auf

große Jagd, bei der wir manchmal einen Steinschmätzer erlegten. Doch nach einer Stunde legten wir das Gewehr beiseite, setzten uns unter einen Baum und zogen aus unserer Jagdtasche ein Buch hervor.« Diese drei haben dem provenzalischen Wild wohl nur wenig zuleide getan! Manchmal jedoch, erinnert sich Zola, hätten sie sich verpflichtet gefühlt, Jäger zu spielen, und hätten auf einen Vogel geschossen – ihn aber verfehlt. Wenn sie sich auf der Straße nach Le Tholonet befanden und Château Noir passiert hatten, nahmen sie bisweilen auch die Gastfreundschaft der Jesuiten von Saint-Joseph in Anspruch.

Cézanne ist immer ein Kind der Landschaft um Aix gewesen, er hat es geliebt, auf seinen Wegen zu wandern, durchs Unterholz zu kriechen, das Bergmassiv Sainte-Victoire zu besteigen und im Arc zu baden. Schon lange bevor die Malerei Besitz von ihm ergriff, zu der Zeit, als die Freundschaft zu Zola für ihn noch eine wichtige Rolle

Cézanne hat den größten Teil seines Lebens in der Natur verbracht. Ganze Tage hielt er sich im Freien auf und malte die Landschaften um Aix.

Ein Maler bei der Arbeit
Privatsammlung

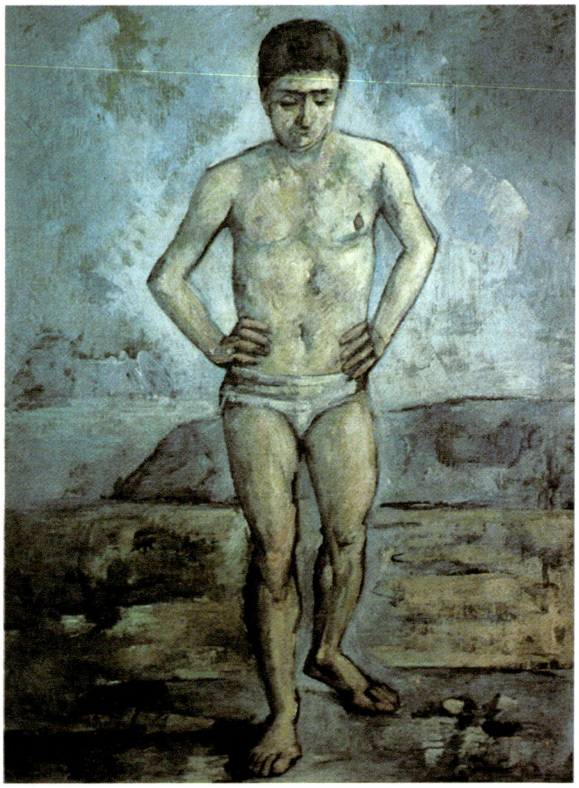

Einen Körper in der Landschaft malen! Das war Cézannes Obsession und Ehrgeiz. Sein ganzes Leben träumte er von einem verlorenen Paradies, das er durch die Malerei wiederzufinden hoffte.

Der Große Badende
New York,
Metropolitan Museum of Art

Folgende Doppelseite:
Picknick am Ufer des Arc

in seinem Leben spielte. Wie viele Ferien hatten sie nicht gemeinsam damit zugebracht, das Land zu erkunden! Wie innig vertraut waren ihnen die Hügel und die Ufer des Flusses! Stundenlang schwammen sie im Arc, versuchten in seinen Wasserlöchern Fische zu fangen. Oder sie wanderten nach Osten, auf der Straße nach Le Tholonet, das damals noch ein armseliges Dorf mit einigen alten Häusern war, stiegen die Hänge des Sainte-Victoire hinauf, durchquerten die Pinienwälder, bevor sie Château Noir erreichten. Etwas weiter oben lagen die Steinbrüche von Bibémus, die sich, nach Jahrhunderten der Ausbeutung, zu einer eigentümlichen, chaotischen Landschaft gewandelt hatten. Aus den bloßgelegten, gespaltenen Felsen, durchzogen von langen, tiefen Furchen, wuchsen Bäume, und auf dem holperigen, kantigen Boden aus jenem gelben Stein, aus dem die Häuser der Gegend gebaut werden, fand sich die wuchernde Üppigkeit wilder Vegetation. Von dort hatte man einen herrlichen Blick auf das Tal des Arc, auf den Staudamm, die Schlucht Les Infernets und in der Ferne auf Sainte-Baume, die Bergkette des Étoile und auf das Gebirgsmassiv Sainte-Victoire, das sich direkt davor erstreckt. Manchmal wanderten sie auch nach Süden, bis zum Dorf Gardanne oder auch bis zur Meeresküste, nach L'Estaque. Als sie älter wurden, gingen sie auf die Jagd, ohne jedoch viele Tiere zu erlegen, da sie viel zu beschäftigt damit waren, über ihre literarischen Ambitionen oder Liebessehnsüchte zu reden. Ab und zu verbrachten sie auch eine Nacht unter freiem Himmel.

Später, als ihr Leben schwieriger geworden ist, erinnern sie sich an jene Augenblicke der Freundschaft und des Glücks. In ihren Briefen beschwören sie diese immer aufs neue. Erinnerst du dich noch …? fragt der eine den anderen. Zola, der viele Eindrücke seines Lebens in sein monumentales Werk *Les Rougon-Macquart* einfließen läßt, macht in *L'Œuvre (Das Werk)*, einem tragischen Roman, Cézannes fanatische Leidenschaft für die Malerei zum Thema und seine Unfähigkeit, sein Ziel zu erreichen, ein Gemälde zu vollenden. Die Hauptfigur des Romans, Claude Lantier, ist zum Teil von seinem Malerfreund inspiriert. Aus Aix ist Plassans geworden, in Sandoz verkörpert sich Zola selbst, und Dubuche ist ein Porträt von Baille. Angesichts einer an die Wand gehefteten Skizze erinnert sich Sandoz eines Tages in Claudes Atelier an einen gemeinsamen Ausflug, eine etwas schwierige Bergbesteigung, bei der sie Koteletts brieten: »Oh, ja! Jeder mußte sein eigenes braten, auf einem Baguette mit Rosmarin. Meine Baguettes verbrannten, und es machte mich wütend, wie du über mein Kotelett lachtest, das sich in Kohle verwandelte.«

Rund vierzig Jahre später begleitet Joachim Gasquet den Maler. Dieser macht allerdings nur noch Jagd auf Bilder, bestrebt, sich der Realität zu bemächtigen, um daraus Aquarelle oder Ölgemälde zu machen. Sie befinden sich oberhalb des Arc, ungefähr eine dreiviertel Wegstunde von Aix entfernt, auf dem Anwesen von Cézannes Schwager Maxime Conil. »Die Jagdtasche hing an einem Ast. Die Flasche lag zur Kühlung in einem Wasserlauf. Wir saßen in der Nähe eines kleinen Beckens, im sonnendurchfluteten Schatten von Pinien. Das Mittagessen war einfach, doch Cézanne parlierte, während er aß, wie Phädra unter ihrer Platane, am Ufer des Ilissus. Das Land bebte unter der blauen Liebkosung eines zarten Mittags.

Die weißen Straßen, die strahlenden Dächer, die Baumgruppen, der Fluß zwischen den Hügeln, alles schien an unserer Unterhaltung teilzunehmen. Auch ein Hund war zu uns gekommen. Der Meister warf ihm Brotstücke zu.«

Cézanne war, als Anhänger der Freilichtmalerei, die die Impressionisten, nach dem Vorbild der Schule von Barbizon, in Mode gebracht hatten, auch ein großer Spaziergänger, ein Liebhaber des Landes. Nirgendwo anders fühlte er sich so wohl wie in der freien Natur, auf der Erde seiner provenzalischen Heimat, in jener Landschaft, mit der seine Malerei untrennbar verbunden ist. Dieses Land, sein Land, kannte er gut, und nicht nur als Beobachter, der über viele Jahrzehnte hinweg Bilder mit seinen Augen aufgesogen hat. Schon früh hat er sich dafür interessiert, was sich hinter dem äußeren Schein, hinter der Oberfläche der Ebenen und Hügel verbirgt. Ein anderer Freund aus seinen Jugendtagen hat ihn bei weiten Ausflügen und in langen Gesprächen zudem etwas in die Geologie eingeweiht. Marion ist Geologe und Amateurmaler (gemeinsam werden sie den Sainte-Victoire malen). Dieses auch wissenschaftliche Interesse Cézannes an der Natur unterscheidet ihn von den Impressionisten. Denen genügt es, sich an der Schönheit der Welt zu erfreuen. Jean-Louis Ferrier hat in seinem Vorwort zu einem von Jacqueline und Maurice Guillaud herausgegebenen Bildband diesen in Cézannes Werk wenig beachteten Aspekt ausdrücklich betont:

»... die leuchtendroten eozänen Formationen von Le Tholonet, die breiten Schichten des grauen Dolomits und die Gesteine der Schlucht Les Infernets (...), und natürlich die Jurafelsen seines geliebten Gebirgsmassivs Sainte-Victoire, die durch ihre senkrechte Stellung die Hochebene des Cendre und das Tal des Arc dominieren und deren Schichten eine große Fältelung nach Süden aufweisen, bilden eine große Ausnahme in der provenzalischen Fältelung, die ansonsten nach Norden geht.« Allerdings, merkt Jean-Louis Ferrier an, dürfe man Cézanne deshalb natürlich nicht für einen Dokumentarmaler oder Populärwissenschaftler halten. Es sei aber wichtig, seinem ganz spezifischen Blick auf die provenzalische Landschaft Rechnung zu tragen: »Im Jahr-

hundert des Positivismus ist die zur Wissenschaft erhobene Geologie für Cézanne jedoch ein bedeutsames Mittel gewesen, die Landschaft der Provence in einer Weise zu lesen, mit seinem Blick zu enthüllen wie es noch kein anderer Künstler vor ihm getan hat. Das könnte auch erklären, daß man ihre geologischen Formationen nicht nur in seinen letzten Landschaften findet, die wie versteinert wirken, sondern auch in der an Gestein erinnernden Haltung der Kartenspieler und in den sehnsüchtigen Steinkörpern seiner Badenden.«

Cézanne malt in der ganzen Umgebung von Aix. Er malt in Le Tholonet, in Château Noir, einem geheimnisvollen Anwesen, von dem man sagt, es sei der Sitz eines Alchimisten gewesen, in Bibémus, wo der gelbe Stein durch die ehemaligen Steinbrüche zu geometrischen Formen gestaltet wurde. Er hätte gern Château Noir gekauft, doch man hat es ihm nicht überlassen. So mietet er sich in Bibémus eine Hütte. Hier kann er seine Malutensilien deponieren, um sie nicht jeden Tag so weit tragen zu

*I*n seiner Jugend badete Cézanne mit seinem Freund Zola in dem Arc, einem Fluß im Süden von Aix. Das Thema der männlichen und weiblichen Badenden, der nackten Körper in der Natur, zwischen Wasser, Himmel und Bäumen, durchzieht sein ganzes Werk bis zu jenen großen Kompositionen, die die Vollendung seines Lebenswerkes werden sollten.

Badende
New York, Metropolitan Museum of Art

Die Brücke »Pont des Trois Sautets« über den Arc, um 1875

Linke Seite:
Badende unter einem Baum
Illustration eines Briefs an Zola
Paris, Nationalbibliothek

Cézanne bevorzugt einsame Gegenden und die unberührte Natur der Wälder, wo er vor der Sonne geschützt ist und ihn niemand stören kann. So malt er häufig in dem eigentümlichen Gebiet von Château Noir oder in den Steinbrüchen von Bibémus.

Im Park des Château Noir
Paris, Musée de l'Orangerie, Sammlung Jean Walter/Paul Guillaume

Rechte Seite:
Die Landschaft um Aix, von Bibémus aus gesehen

müssen. Bibémus ist ein wildes Stück Land, ein Gesteinschaos, in Besitz genommen von einer ungebändigten Vegetation. An diesem einsamen Ort wird er nicht gestört, ist der Misanthrop nicht mit seinen Artgenossen konfrontiert. Die Gesellschaft der Zikaden genügt ihm. Allerdings ist es eine wenig geschützte Gegend und nicht besonders gut für die Aquarellmalerei geeignet, die besonders windempfindlich ist. »Nach dem mehr oder weniger gut gepflegten Rasen des Jas de Bouffan entdeckte Cézanne hier eine von Menschenhand noch unberührte Natur. Dennoch bot ihm dieser abgelegene Winkel, an dem die Büsche mühsam zwischen Steinhaufen hervorwuchsen, eine sehr vertraute Atmosphäre.« (John Rewald)

Cézanne ist weniger unzugänglich, als gemeinhin berichtet wird. Obwohl er es nicht liebt, bei seiner Arbeit gestört zu werden, und er Émile Bernard anvertraut, daß er sich beim Malen nicht gern zuschauen läßt, geht er des öfteren in Begleitung von Marion und Solari zum Motiv, auch mit Joseph Ravaisou, einem langhaarigen, bärtigen, anarchistischen Künstler, den ihm Gasquet vorgestellt hat. Er sei »ein Maler«, soll Cézanne über ihn gesagt haben, ein Kompliment, das er nur Leuten, die er als schätzenswerte Kollegen betrachtete, zukommen ließ oder Menschen, in deren Gesellschaft er sich nicht fremd fühlte. Auch einer Frau, Louise Germain, wird diese Ehre eine Zeitlang zuteil. Cézanne hatte bei einem Farbenhändler ein Gemälde von ihr gekauft. Sie begleitet ihn zwar, muß sich aber eingestehen, daß der alte Meister ihr keinerlei Aufmerksamkeit schenkt: »Es war, als wäre ich gar nicht dagewesen.«

Ein großes Problem für den Freilichtmaler stellt das Wetter dar. Es soll nicht regnen und auch nicht zuviel Wind geben, damit er mehrere Stunden draußen zubringen kann, auf dem Weg zu seinem Motiv und dann bei seiner Arbeit. Das Licht kann ebenfalls zum Problem werden: Es soll nicht zu grell, aber auch nicht zu trüb sein; der Himmel gerade ein bißchen verhangen... Cézanne mag auch nicht die allzu hellen, heißen Stunden des Tages. Er steht früh auf, um den begnadeten Augenblick einzufangen, wenn die Natur erwacht, wenn das Leben zu beginnen scheint, wenn die Welt entsteht. Meist geht er zu früher Stunde ins Bett, aber, wie er Larguier anvertraute, »hatte er einen leichten Schlaf, erwachte mehrmals in der Nacht, stand dann auf und betrachtete den Himmel, um zu sehen, ob er am nächsten Tag wieder *zu seinem Motiv gehen* könne«.

»Ich habe erst spät begonnen, die Natur zu betrachten«, schreibt er am 19. Dezember 1878 an Zola und macht mit diesem einfachen Satz deutlich, was die

Erfahrung des Impressionismus für ihn bedeutet hat. Zunächst hatte er die Gemälde der anderen studiert, sich davon inspirieren lassen, hatte sie kopiert und nach dem Vorbild der Meister Delacroix, Courbet oder Manet versucht, im Atelier große, dramatische Kompositionen zu realisieren. Oder aber er hatte sich bemüht, seine ganze Leidenschaft, seine Begeisterung und auch seine in gewisser Weise tragische Sicht des Lebens, genährt aus seinen literarischen Streifzügen, in seine Stilleben zu legen. Mit Pissarro und den Impressionisten Renoir und Monet, mit denen er befreundet war, ist er dann aufs Land gezogen und lernte, die Natur anders zu sehen. Nicht mehr als Spaziergänger, als mit der Erde verbundener Provinzler, sondern als Beobachter, als Voyeur, wenn wir damit jemanden bezeichnen wollen, der die Dinge so lange betrachtet, bis ihm die Augen schmerzen (und Cézanne hatte, wie mehrere Zeitgenossen berichten, stets müde, gerötete Augen).

Er lernte zu sehen, wirklich zu sehen, zu betrachten und dabei alle vorgefertigten Ideen zu vergessen. Er lernte, mehr noch als die Form der Objekte, das Licht zu sehen, das sie miteinander verband, die Dichte und Tiefe der Luft, in der sie existierten. In einem Brief an Victor Chocquet schreibt er: »Der Himmel, die grenzenlosen Dinge der Natur, ziehen mich ganz besonders an und geben mir Gelegenheit, mit Freude zu schauen.« Die Freude ... So ernsthaft und streng Cézanne auch erscheinen mag, man darf niemals vergessen, daß der Ausgangspunkt seiner Malerei die Freude am Sehen war, an der Natur, und auch die Freude, in dieser Natur, in diesem, seinem Land, der Provence, zu leben.

Félicien Fagus, ein Kritiker des Fin de siècle, veröffentlichte 1895 in *La Revue blanche* einen Artikel, der erstaunliche Einfühlung beweist: »Vor der Natur ist er wie ein Kind, das ist deutlich zu spüren; er weiß nichts mehr, er will nichts mehr wissen – seine Arbeit

Cézanne mietet sich in Bibémus eine Hütte, in der er seine Malutensilien unterbringt, um sie nicht jeden Tag so weit tragen zu müssen. Dort kann er auch Unterschlupf finden und sich das Mittagessen aufwärmen, das ihm seine Haushälterin, Madame Brémond, zubereitet hat.

ausgenommen. Er sieht und überträgt das, was er sieht, mit der ganzen übersteigerten Empfindlichkeit seines Auges, mit der ganzen gesammelten Kunstfertigkeit seiner Hand. Daher haben seine Werke einen ursprünglichen, wilden Reiz, etwas Kindliches: Diese Naivität, diese Unschuld ist höchster Ausdruck der ständigen Verehrung der Wissenschaft angesichts der Natur.« Für jemanden, der Cézanne nur durch seine Bilder kannte, war dies schon eine einzigartige Erkenntnis. Auch für Joseph Ravaisou stellte dies den Schlüssel zu diesem Maler dar, dessen Bedeutung er hoch einschätzte: »Er war, was die Kunst betraf, ein sinnlicher Mensch. Er liebte die Natur mit großer Leidenschaftlichkeit und wohl auch Ausschließlichkeit. Er malte, um in sich die Freude zu verlängern, unter den Bäumen zu leben.«

Cézanne ist auch physisch stets mit seinem Heimatland verbunden geblieben, das er durch all die Jahre hindurch erforscht hat, das er mit all seinen versteckten

Winkeln kennt, das er erwandert hat. Als Maler begibt er sich wieder und immer wieder, mit seiner Staffelei und seinen Leinwänden, auf die Wege, die er schon aus seiner Jugend kennt. Er entdeckt die Orte aufs neue, die er und seine Freunde geliebt haben, an denen sie vorbeikamen oder verweilten, wo sie gelacht, geredet, geträumt haben. Bei den Aussichtspunkten, wo der Blick sie begeisterte, läßt er sich nieder und malt. Die Bindung eines ganzen Lebens an eine Landschaft, die Provence, kann durch nichts anderes ersetzt werden. Während seiner zahlreichen, längeren Aufenthalte in der Gegend um Paris malt er auch in der Île-de-France, in Auvers, in Fontainebleau; er malt ebenfalls, allerdings wenig, in Annecy und Talloires, doch keine Landschaft kommt der Provence gleich, die, wie er Zola 1884 eingesteht, »seinen Kopf erfüllt«. Und aus Talloires schreibt er 1890 an Solari: »Wenn man dort geboren ist, dann ist alles vorbei, nichts anderes spricht einen mehr an.« So malt er schließlich nur noch die Provence. Und das auch deshalb, weil er sehr schnell bemerkt, daß dieses Land, obwohl es bereits häufig gemalt wurde, zum Beispiel von Granet, einem hervorragenden Aquarellmaler aus Aix, der, mehr als einmal, das Gebirgsmassiv Sainte-Victoire dargestellt hat, »doch immer noch keinen Interpreten gefunden hat, der seinen ganzen Reichtum erfaßt hätte«. Das jedenfalls teilt er 1886, also im Alter von siebenundvierzig Jahren, Victor Chocquet in einem Brief mit. Zu einem Zeitpunkt übrigens, wo er gerade zu verstehen beginnt, was er erreichen kann, was er versuchen sollte, was sein Ziel sein könnte und wonach er die letzten zwanzig Jahre seines Lebens dann strebte.

Cézanne ist ein Mensch, der mit seinem Heimatland physisch verbunden ist, mit der Landschaft, den Steinen, den Gewohnheiten und mit den Erzeugnissen des Landes.

Rechte Seite:
Frischkäse mit Honig und Mandeln (Rezept S.174)

Folgende Doppelseite:
Kaninchen im Schweinenetz (Rezept S.159)

Die Provence ist groß, und wenn Cézanne auch der Maler der Provence ist, so malt er doch nicht die ganze Provence. Er hat keine Lust, alle Orte, jedes der zahllosen Motive zu entdecken. Die Städte ziehen ihn nicht an. So gibt es denn auch keine Gemälde von Marseille, obgleich es so nah bei Aix liegt und er dort seinen Freund und Meister, den Maler Monticelli, häufig besucht. Diesen schätzt er sehr, weil er den Sirenen des Pariser Lebens und der künstlerischen Moden widerstanden hat, um das zu verwirklichen, was er in seinem Kopf hat, um nur nach seinem Herzen, seinem Geist, seiner Eingebung und seinem Verlangen zu malen.

L'Estaque ist der von Aix am weitesten entfernte Ort der Provence, den Cézanne im Bild festhält. In diesem kleinen Dorf an der Meeresküste, diesem bescheidenen

*D*er Schriftsteller Paul Alexis berichtet von eine Jagdpartie, bei der das Mittagessen eine größere Rolle gespielt hat als das Wild. Die Hammelkeule hing an einer Schnur vor dem Feuer. Zola wachte darüber, daß sie nicht anbriet. Cézanne richtete den Salat an.

Geröstetes Brot mit Sardellensauce; Sardellensauce (Rezepte S.141 und 182)

Fischerhafen, wo er das Meer, die Pinien und auch die ersten Fabrikschornsteine malt, mietet seine Mutter ein Haus auf dem Kirchplatz. Dorthin zieht sich Cézanne gern zurück, wenn ihm das Familienleben im Jas zu eng wird oder sein Vater ihn zu ersticken droht, dort bringt er auch zeitweise Hortense, seine geheime Geliebte, und den kleinen Paul unter. In L'Estaque malt er vor allem das Meer, das sich so schwierig darstellen läßt und ihn wegen des Fehlens fester Formen verwirrt, mit dem er sich aber immer wieder, mehrere Jahre lang, beschäftigt. Dort hat er seine Ruhe und kann ungestört arbeiten, ohne daß der Schatten von Louis-Auguste auf ihm lastet. Eine Fischersfrau kocht für ihn, wenn seine Mutter nicht da ist, um sich um ihn zu kümmern, und Hortense auch nicht. 1870, als der Krieg ausbricht, zieht er sich dorthin zurück, um der Einberufung zu entgehen. Und zehn Jahre später versucht er immer noch, den Impressionismus an dieser Landschaft zu erproben, die ihn, aufgrund der Kraft ihrer Kontraste sowie der klaren Umrisse ihrer Formen, an Spielkarten erinnert. Doch dann wendet er sich wieder von L'Estaque und dem Meer ab und kommt auf die Landschaft von Aix zurück.

Kurze Zeit verbringt er in dem Dorf Gardanne, wo er Hortense mit dem kleinen Paul untergebracht hat. Vor der Heirat läßt er sich dort für einige Monate richtig nieder, da es nun nichts mehr zu verbergen gilt. Er kauft sich einen Esel, der ihm seine Malutensilien trägt, wenn er zu seinem Motiv geht, und auf dem er die kleinen Freunde seines Sohnes reiten läßt. »Bei seinen Ausflügen ist Cézanne manchmal mehrere Tage unterwegs. Er ißt mit den Bauern auf deren Höfen, bittet hier oder da, die Nacht verbringen zu dürfen. Ist kein Bett frei, begnügt er sich mit einer auf dem Heu ausgebreiteten Decke in einer Scheune.« (Henri Perruchot) In Gardanne erhält er auch den Roman *L'Œuvre*, in dem Zola ihre Jugendzeit beschwört und in dem Cézanne in Gestalt von Lantier, dem gescheiterten Maler, auftaucht, einem Opfer des belastenden Erbguts der Rougon-Macquart, dessen logische Konsequenz der Selbstmord ist. Natürlich handelt es sich dabei um einen Roman, und auch wenn Zola Vorkommnisse seines eigenen Lebens nur wenig verändert, wenn er Züge von manchen seiner Feunde übernimmt und bestimmte Begebenheiten getreu wiedergibt, so wahrt er doch seine schriftstellerische Freiheit, und die Geschichte ist letztlich nur ein Teil der Familiensaga der Rougon-Macquart. Für Cézanne allerdings ist es unmöglich, sich nicht darin wiederzuerkennen; zwar hat Lantier auch

Eigenschaften von Manet und Monet, aber es tauchen viele persönliche Erinnerungen an die Jugendzeit in Aix auf, die nur ihm und Zola gemeinsam sind, ebenso Erinnerungen an ihre Pariser Abenteuer, um die er sich nun beraubt fühlt. Ihre Freundschaft wird dadurch ernstlich gefährdet. Zum Beispiel wegen der Fadennudelsuppe, die Lantier zu essen pflegt, »eine Pampe, in die er Brot hineinschnitt und die er mit Öl übergoß«, wie es Cézanne in seiner finanziell schwierigen Zeit in Paris getan hat. Auch wegen der gebackenen Gründlinge, die unter weichgekochte Eier gemischt und mit dem »am Vorabend gekochten Rindfleisch, mit Kartoffeln und einem sauren Hering zu einem Salat angemacht« wurden – einem Gericht, das sich Cézanne in Bennecourt munden ließ, wo er die erste verliebte Zeit mit Hortense verlebte. Gefolgt wurden diese im übrigen von »einem Käse aus der Molkerei eines Nachbarn« und »frisch gepflückten« Erdbeeren. Aber es waren fünfzehn Jahre seitdem vergangen, fünfzehn Jahre, in denen sich für Cézanne, immer noch seiner Provence treu und immer noch arm, nur wenig verändert hatte, in denen er mit Hortense am Hungertuch nagte und nur an »diese verfluchte Malerei« dachte. Zola dagegen war ein berühmter Schriftsteller geworden, ein Pariser, ein Bourgeois mit beeindruckendem Bauchumfang und mit stets gut gedeckter Tafel. Bei Zola aß man wirklich hervorragend, und Cézanne hat den Speisen, die man im *L'Œuvre* detailliert aufgeführt findet, mehr als einmal Ehre erwiesen: Bouillabaisse, Hasenpfeffer, gebratenes Geflügel, gegrillte Rötlinge, Filet mit Steinpilzen, Trüffelsalat, roter Burgunder und Moselwein … Aber man mußte diese Diners mit allzuviel gesellschaftlichem Gehabe, mit Affektiertheit und dummen Gesprächen bezahlen, und schon in dieser Zeit hat sich Cézanne Zola sehr fremd gefühlt. Sie lebten nicht mehr in der gleichen Welt. Der eine versuchte, in Paris aufzutrumpfen, seine Stärke zu zeigen, der andere war auf der Suche nach dem Absoluten. Für ihn wäre der Maler Frenhofer von Balzac *(Le Chef-d'Œuvre inconnu; Das unbekannte Meisterwerk)* ein gutes Beispiel gewesen.

Cézanne hält es nicht in Gardanne. Obwohl verheiratet, kehrt er wieder in den Jas zurück, während Hortense noch eine Weile dableibt, dann aber wieder nach Paris zieht. Cézanne hat diese Familienangelegenheit, die viele Jahre auf ihm lastete, für sich geregelt. Außerdem hat er in einem sehr kalten Brief mit Zola gebrochen. Nun zieht

Château Noir ist ein herrliches Grundstück, auf dem ein seltsamer Gebäudekomplex, bestehend aus zwei Häusern, errichtet wurde. Es hieß, früher habe hier ein Alchimist gelebt. Vergeblich hat sich Cézanne bemüht, das Anwesen zu erwerben. Von der Terrasse sieht man den Mont Sainte-Victoire.

Das Gebirgsmassiv Sainte-Victoire und das Château Noir

Tokio, Bridgestone Museum of Art

er sich nach Aix zurück. Offensichtlich kann er sich von Aix einfach nie lange trennen. Nur in Aix, sei es im Jas de Bouffan oder in der Rue Boulegon, ist er wirklich in seinem Element, nur hier liebt er es zu malen. Nein, es ist wirklich nicht notwendig, weiter zu reisen, um die Welt zu sehen. Es ist auch nicht nötig, Frankreich zu bereisen oder den Ozean zu überqueren, um neue Motive zu finden. Es gibt keinen weniger exotischen Künstler als Cézanne, denn er bleibt für immer mit seinem Heimatland, der Provence, verbunden. Und das ganz einfach, weil »es in der Natur Dinge gibt, die man noch nicht gesehen hat«.

Man kann in der Gegend um Aix den Spuren von Cézanne folgen. Marianne Bourges, die Verwalterin des Atelier des Lauves, hat die Orte genau aufgelistet, an denen Cézanne malte, und auch die Wege aufgezeichnet, die er ging, um dorthin zu gelangen. Im Norden nach Les Lauves, Puyricard, Les Pinchinats, zu Jourdans Hütte, zum Chemin Noir und zu der Hochebene von Entremont. Im Westen, jenseits des Jas, nach Valcros, zum Taubenschlag von Bellevue, nach Bel-Air und Montbriand (dem Gut seines Schwagers). Im Süden zum Arc, zur Schleuse la Priée und zum Pont des Trois-Sautets. Im Osten nach Le Tholonet, Bibémus, Vauvenargues und zum Sainte-Victoire.

Man muß sich Cézanne also stets auf der Wanderschaft in seiner Heimat um Aix vorstellen, glücklich über die Einsamkeit in der freien Natur, mit der fixen Idee im Kopf, etwas zu sehen, das noch nie zuvor gesehen wurde, und etwas zu malen, das noch niemand zuvor gemalt hat. Von Zeit zu Zeit gefällt es ihm auch, Begleitung von einem Freund zu haben, mit dem er gern zusammen malt, zum Beispiel Marion, Ravaisou, Solari oder Émile Bernard. Es bereitet ihm auch Vergnügen, mit diesen um die Mittagszeit zu rasten, besonders am Sonntag, und in dem Gasthaus von Le Tholonet (eigentlich ein Kolonialwarengeschäft) einzu-

kehren. Rosa Berne, die Wirtin, ist eine gute Köchin traditioneller, bäuerlicher Speisen. Sie weiß ihre Gäste mit einem Omelette mit Trüffeln oder Pilzen zu erfreuen, einer Ente auf Oliven, einem kleinen Weißwein von den benachbarten Weinhängen. Dort lernt er auch Houchart kennen, den Bürgermeister von Le Tholonet. Sie werden Freunde, da er den Ort häufig aufsucht. Mit Recht sieht Jean Arrouye hier einen Cézanne, der sich sehr von dem strengen, verschlossenen Maler unterscheidet, als der er immer beschrieben wird: »Es entsteht ein ganz anderes Bild als jenes, das allzu unkritisch immer wieder übernommen worden ist: gesellig (»Kommen Sie vorbei, wann immer es Ihnen gefällt«, ruft er Camoin zu), gastfreundlich (er lädt Aurenche 1902 ein, bei ihm zu wohnen), redselig (»Das tut mir gut, ich sprudle über vor Glück«, äußert er einmal), heiter (würde sich denn die vor allem literarische

In Le Tholonet, einem Dorf an der Straße zum Sainte-Victoire im Osten von Aix, gibt es ein kleines Gasthaus, eigentlich ein einfacher Gemischtwarenladen, in dem Cézanne sonntags die ländliche Küche von Rosa Berne genoß.

Linke Seite: Omelette mit Pilzen (Rezept S.132)

Rosa Berne, die Köchin des Gasthauses in Le Tholonet, versteht es meisterlich, Ente mit Oliven zuzubereiten. Dazu trinkt Cézanne gern ein Glas Weißwein von den benachbarten Weingütern.

Ente mit Oliven und Mohrrüben (Rezept Seite 153)

Jugend um einen alten Miesmacher scharen?), ein Mann, dem es weder an Geist noch Humor fehlt (wie es viele Entgegnungen und Einfälle seiner Korrespondenz beweisen)... «

Die Route du Tholonet führt zum Sainte-Victoire. Doch Cézanne geht nur selten bis zu dem Gebirge, da das Alter seine Ausflüge etwas einschränkt und es ihm auch wichtiger ist, das Gebirge zu sehen, als es zu besteigen. Aber er begibt sich immer wieder in seine Nähe. In Château Noir malt er das merkwürdige Gebäude, einige Nachbarhäuser und vor allem das Unterholz.

Jacqueline de Romilly beschreibt es so: »Pinien, nichts als Pinien, die an den schroffen Hängen der Hügel wachsen, dem Gefälle, dem Erdrutsch und den Winden preisgegeben. Manchmal neigen sie sich alle in eine Richtung, bilden lange, konzentrische Linien. Ihre Stämme glänzen hell und spröde in den Lichtstrahlen,

»*Es* entsteht ein ganz anderes Bild von Cézanne als jenes, das allzu unkritisch immer wieder übernommen wird: gesellig (...), heiter (...), ein Mann, dem es weder an Geist noch an Humor mangelt...«
Jean Arrouye

Rechte Seite: Schweineleber-Päckchen im Schweinenetz (Rezept S.137)

während ihre Kronen golden schimmern, als hätten sie die Sonne gestreift.«

Oft arbeitet er auch in Bibémus, wo ihm das Chaos der Steine und Bäume mehr als an irgendeinem anderen Ort den Eindruck einer ursprünglichen Natur vermittelt, die noch keiner Ordnung unterworfen wurde.

Er stellt seine Staffelei so auf, daß er das Gebirge sehen kann, das im Gegensatz zum Steinbruch sanft und harmonisch wirkt, und versucht, dies in ein Bild umzusetzen, das Frieden und heitere Glückseligkeit atmet, in ein erhabenes Bild, das, fern der romantischen Literatur, fern auch dem oberflächlichen Spiel der Impressionisten, über jede Geschichte hinausgeht. Er strebt nach einer absoluten Malerei jenseits aller Theorien, die jene »Empfindung« auszudrücken vermag, von der er sich hat leiten lassen, und die nichts anderes ist als das tiefe Glücksempfinden, auf der Welt zu sein.

Der Mont Sainte-Victoire ist ein bißchen der heilige Berg von Aix. Zwar ist er nicht sehr hoch (600 m), aber berühmt aufgrund seiner beherrschenden Stellung, seiner Geschichte, der Legenden, die sich um ihn ranken, und seiner Rolle, die er seit Jahrhunderten im Leben der Menschen von Aix einnimmt. Vielleicht nimmt der Name auf die siegreiche Schlacht des römischen Feldherrn Marius gegen die Ambronen und Teutonen im Jahre 102 v. Chr. Bezug? Er taucht allerdings erst im 17. Jahrhundert auf. Vielleicht hat er seine Wurzeln auch in einem heiligen Abenteuer? Oder er geht auf die heilige Venturie zurück, deren Namen ursprünglich von einer keltischen Gottheit stammt, aber verfälscht wurde.

Die Geschichte gibt keine klare Auskunft und läßt damit der Phantasie viel Raum. Bedeutsamer als der Name sind das wilde Erscheinungsbild dieses Kalksteinmassivs mit seiner unsymmetrischen Dreiecksform, die Erinnerung an den Eremiten Saint Ser, den Schutzpatron von Aix, das lange Zeit auf dem Gipfel bestehende Kloster, das hohe Kreuz, das 1875 eingeweiht wurde, der Garagaï, diese in den Berg getriebene Felsschlucht, die der goldenen Ziege Unterschlupf bot, und das traditionelle Fest, das die Jugend von Aix am 24. Juni, am Johannistag, zum Sonnwendfeuer versammelt.

Cézanne ist schon sehr früh von diesem Berg fasziniert gewesen. Auf einem Gemälde aus dem Jahre 1867, *L'Enlèvement (Die Entführung)*, erscheint bereits ein Berg, der in seinen Umrissen an den Mont Sainte-

Victoire erinnert. Allerdings ist es nicht sicher, daß Cézanne diesen tatsächlich darauf abgebildet hat. Auf dem etwas später entstandenen Bild *L'Éternel féminin (Das Ewig-Weibliche)*, das eine sehr seltsame, ironische, naive Szene darstellt, ist es aber eindeutig dieser Berg, den der Maler, der eine Frau als Modell zu nehmen scheint, im Begriff zu malen ist. Und auf *La Tranchée (Der Bahndurchstich)*, einer seiner ersten Landschaften der Gegend um Aix, noch mit etwas unsicherem Strich gemalt, erhebt er sich eindeutig über der neuen, soeben eingeweihten Bahnlinie.

Raymond Jean vermag dieses Phänomen sehr gut zu erklären: »Aix, das ist der Mont Sainte-Victoire. Nicht nur, natürlich. Aber er ist das herausragende ›Motiv‹. Und immer, wenn Cézanne in seine Heimatstadt zurückkehrte, wandte sich sein Blick dem Berg zu. Als ›Gebirge‹ steht er in diesem Land der Ebenen und Hügel für Beistand, Sicherheit, Wehrschutz, Aussicht, Wahrzeichen, Licht – und vor allem ist er ein Blickpunkt.«

Seit Anbeginn zieht er Cézannes Blick magisch auf sich, und er wird auch, am Ende einer langen Karriere als Freilichtmaler, zusammen mit seinem großen Traum der *Baigneuses (Die Badenden)*, das letzte Motiv des Künstlers sein.

Auf dem Weg zum Sainte-Victoire, auf der Route du Tholonet, begegnet Léo Larguier eines Tages, als er seine Soldaten am Straßenrand ein Manöver abhalten läßt, der Kutsche, die Cézanne zum Motiv fährt. Spontan erteilt er das Kommando: »Präsentiert ... das Gewehr!« Der alte Maler zeigt sich verwirrt und tief gerührt, ist ihm doch in seinem Leben nur wenig Ehrerbietung zuteil geworden.

Am 15. Oktober 1906 wird er, oberhalb von seinem Atelier des Lauves, an einem Ort, von dem aus er seinen Berg sehen und malen kann, von einem Unwetter heimgesucht. Er erleidet einen Schwächeanfall. Man bringt ihn auf einer Karre nach Hause, doch bereits am nächsten Morgen steht er wieder auf, um sich in seinem Atelier das Porträt des Gärtners Vallier vorzunehmen.

Der Maler Maurice Denis, ein großer Bewunderer von Cézanne, besuchte ihn in Aix. Er begleitete ihn zum Malen im Freien und lauschte andächtig seinen Ausführungen. Sein allzu theoretisches Denken hat letztendlich aber Cézannes Mißfallen erregt.

Maurice Denis,
Zu Besuch bei Cézanne in Aix
Privatsammlung

Diese letzte Sitzung aber erschöpft ihn, und acht Tage später stirbt er in der Rue Boulegon.

Er, der einmal von sich selbst sagte, er sei »der Mann, der nicht existiere« begegnete dem Tod »sur le motif«, starb gewissermaßen beim Malen, so, als würde er endlich völlig in die Landschaft der Provence eingehen, die er so sehr liebte.

*C*ézanne ist häufig in L'Estaque gewesen, einem kleinen Fischerdorf in der Nähe von Marseille. Seine Mutter hat dort ein Haus gemietet, in dem er lange Zeit lebte. In L'Estaque dienen ihm die Pinien und die ersten Fabrikschornsteine als Motiv, vor allem aber das Meer, das sich so schwierig darstellen läßt und ihn wegen des Fehlens fester Formen verwirrt, mit dem er sich aber immer wieder, mehrere Jahre lang, beschäftigt. Es ist der einzige Ort, an dem Cézanne das Mittelmeer gemalt hat.

Folgende Doppelseite:
Der Mont Sainte-Victoire, von Bibémus aus gesehen

Das Atelier des Lauves

»Das Haus ist ockerfarben und hat eine sehr einfache, klassische Form. Abgesehen von dem zu dünnen Schornstein ist es in einem sehr reinen Stil erbaut.«

Émile Bernard

Der Chemin des Lauves führt zu dem Weiler Puyricard. Dort kauft Cézanne im Jahr 1901 zum Preis von fünftausend Franc ein Grundstück, auf dem eine Hütte steht, die er abreißen läßt. Er will sich ein Atelier bauen lassen, um in größerer Bequemlichkeit und mit besserem Licht als in der Rue Boulegon arbeiten zu können, aber auch um der Natur näher zu sein. Dort findet er wieder eine Umgebung mit Bäumen, in der Licht und Schatten spielen, wie er es liebt, wie er es im Jas vorgefunden hat, wie er es stets sucht, wenn er »sur le motif« in der Natur malt. Laut Jean Arrouye ist dieses Haus am Chemin des Lauves, »das an den Hügel geschmiegt ist, der ihn vor dem Mistral schützt, ein *cagnard,* wie man in der Provence sagt. Und zu jener Zeit hat man von dort einen Blick über die ganze Stadt Aix. Man sieht ihre rosa Dächer, den achteckigen Glockenturm der Kathedrale Saint-Sauveur, die gedrungene Turmspitze von Saint-Jean de Malte, die den Ort kennzeichnet, an dem Cézanne zu malen begonnen hat, man sieht die Hügel von Septèmes, die Anhöhen von Mimet und den Paß Notre-Dame des Anges, über den er gewandert ist, als er in Gardanne lebte, und noch über die Gebirgskette des Étoile und den Pilon du Roi hinaus, die er auch vom Jas de Bouffan aus sehen konnte. Cézanne braucht nur den Chemin des Lauves

Mit dem Atelier am Chemin des Lauves beginnt Cézanne ein neues Leben, ein Leben zwischen zwei Häusern, dem Nachthaus (in der Rue Boulegon) und dem Taghaus. Auf dessen Terrasse malt er seinen Gärtner.

Der Gärtner
Zürich, Stiftung Bührle

etwas hinaufzugehen, um das Dreieck des Sainte-Victoire zu erblicken, das sein Lieblingsmotiv wird. Es wirkt, als hätte der Zufall die meisten der von Cézanne in seinem Leben geliebten und gemalten Orte unter einem Blick versammelt. Nur L'Estaque, außerhalb des Horizonts, fehlt bei dem Anblick.«

Von seinem neuen Atelier aus kann Cézanne wesentlich leichter mit seinen Malutensilien zu einem von jenen Motiven aufbrechen, die er liebt: das Unterholz von Bibémus und Château Noir oder die offene Landschaft, in deren Hintergrund sich der Mont Sainte-Victoire abzeichnet. Allerdings ist es ein gutes Stück Weges von der Rue de Boulegon enfernt, wo er seine Wohnung beibehält.

Der Architekt Mourgues wird mit dem Bau beauftragt, erhält aber nur sehr vage Instruktionen. Es soll ein Atelier werden, schlicht und zweckmäßig, und kein Haus. Cézanne möchte einen großen Raum von fünf mal acht Metern mit viel Licht. Aber der Architekt will sein Talent, seinen Geschmack und seinen Ideenreichtum beweisen, schließlich arbeitet er für einen Künstler. Und da dieser ihn machen läßt und kaum jemals den Bau anschauen kommt . . . , entsteht, laut Gustave Coquiot, »ein kitschiges Haus mit gezacktem Dach, Holzbalkon und dem ganzen Schnickschnack von Keramik und lackiertem Holz«. Cézanne ist wütend, als ihm der Architekt stolz sein Meisterwerk zeigt. Er bekommt einen jener für ihn typischen Wutanfälle und läßt allen überflüssigen Dekor zerstören, so daß letztlich eine »provenzalische *bastide* (Landhaus) übrigbleibt, mit genuesischer Kranzleiste, umgeben von Oliven- und Feigenbäumen«. Der Verputz ist gelb, die Dachziegel sind rot, getreu der Tradition und dem heimatlichen Stil. Darüber hinaus kein Luxus. Im Erdgeschoß gibt es mehrere kleine Zimmer, um Utensilien zu verstauen. Im ersten Stock befindet sich das fünfzig Quadratmeter große und vier Meter hohe Atelier mit einer breiten verglasten Wand und zwei hohen Fenstern. Durch diese braucht man nur einen Blick zu werfen, und schon sieht man den Mont Sainte-Victoire und den Pilon du Roi.

Cézanne richtet das Atelier nur mit den notwen-

Les Lauves, das ist der Ort von Cézannes letzten Lebensjahren, von seiner Vollendung. Er hat sich dieses einfache Haus selbst bauen lassen, dessen ersten Stock das Atelier einnimmt. In Les Lauves ist die Natur vor der Tür, vor dem Fenster. Cézannes Malerei wird hier unbeschwerter, frischer, jünger als je zuvor.

Petunien

Zürich, Stiftung Bührle

Folgende Doppelseite:
Im Garten des Atelier des Lauves

digsten Möbeln ein: ein Bett, um sich auszuruhen, ein Tisch, um die Mahlzeiten einzunehmen. Und natürlich mit all dem, was er zum Malen braucht. Eine mächtige Staffelei, auf der er eines jener großen Gemälde aufstellen kann, die zu seiner Obsession geworden sind und auf denen er die Vermählung des menschlichen Körpers mit der Natur feiert *(Les Grandes Baigneuses; Die großen Badenden)*. Außerdem einen kleinen Tisch für die Stilleben, Farben und Pinsel, Kartons voll Lithographien und Photos (Dokumente, von denen man sich immer inspirieren lassen kann und die einem Denkanstöße geben), ferner an die Wand geheftete Lithographien von Rubens, Delacroix, Signorelli, Forain... Gemälde, die er, vielleicht, eines Tages fertigmalen wird... Doch nichts Unnötiges, Überflüssiges. Es wäre wunderbar, wenn da nicht diese grünen Reflexe von den Bäumen wären, über die sich Cézanne bei Monsieur Rougier beklagt, einem Schlosser, mit dem er freundschaftliche Beziehungen unterhält. Sehr schnell stellt er wieder jene Unordnung her, die bisher in allen seinen Ateliers geherrscht hat, sei es in der Provence oder in Paris.

Nun braucht er nur hinauszutreten, ein wenig den Weg hinaufzugehen, und schon hat er das ganze Panorama, den Blick auf Aix, den Turm der Kathedrale und den Glockenturm von Saint-Jean de Malte, die Hügel von Simiane und Gardanne. Noch etwas weiter oben erscheint

das Gebirgsmassiv des Sainte-Victoire über der weiten Ebene. John Rewald, der 1954 einen Spendenaufruf initiierte, um das Atelier, das ein Dichter namens Marcel Provence bewohnte, zurückkaufen und der Stadt Aix als Geschenk übergeben zu können, nahm sich die Muße, bei jeder Reise, die er als leidenschaftlicher Biograph von Cézanne unternahm, die Landschaft zu betrachten: »Über dem gewaltigen Panorama scheint der Mont Sainte-Victoire in dem südlichen Licht zu schweben, wie ein glorreiches Symbol der Provence. Die beinahe obsessive Faszination, die der Berg auf Cézanne ausübt, zieht ihn stets an den Ort, wo er die meisten seiner letzten Landschaften gemalt hat. Dort erweist er dem Berg die letzte Ehre, indem er ihn nicht mehr unter dem unendlichen Himmel erdrückt darstellt, sondern in den Azur hineinragend, stolz, einsam und vielleicht noch erhabener als sonst.«

Mit dem Atelier am Chemin des Lauves verändert sich Cézannes Leben. Er wandert nun zwischen den beiden Häusern hin und her, dem Nachthaus und dem Taghaus. Die Rue Boulegon, in der er schläft und in der Madame Brémond, unter der Aufsicht von Marie, der stets fürsorglichen Schwester, umsichtig schaltet und waltet, ist sein Basislager, wie die Bergsteiger sagen, jene von den Bergen faszinierten Abenteurer, die stets bestrebt sind, noch höher zu gelangen. Les Lauves, das ist der Ort von Cézannes letztem Abenteuer, seiner Vollendung. Es gibt für nichts anderes mehr Platz als für die Malerei. Das ganze Leben ist Malerei. Der alte Cézanne verwirklicht hier seinen Traum von der Malerei, der von nun an sein Leben erfüllt. Manchmal steigt er gegen Mittag in die Rue Boulegon herab, um dort zu essen, vor allem wenn er nachmittags »sur un motif« arbeiten will, das fern von Les Lauves liegt. Manchmal packt Madame Brémond auch einen Korb voll Speisen und serviert sie ihm im Erdgeschoß des Ateliers, wo man ständig das Spiel von Licht und Schatten im Garten betrachten kann.

Einmal begleitet Émile Bernard Cézanne zu seinem Atelier. Sie gehen durch das Portal aus Bäumen, lassen ihren Blick über den Garten gleiten, in dessen hinterem Teil ein Bächlein, eigentlich ein kleiner Bewässerungskanal, fließt. Cézanne hebt einen großen Stein auf und nimmt den Schlüssel, der darunter liegt. Bernard reißt seine Augen auf, um alles genau aufzunehmen. Er weiß, daß er ein Zeitzeuge ist, daß er eines Tages alles, was er gesehen und gehört hat, wird berichten müssen. Doch sie

Cézanne arbeitet unermüdlich, macht niemals Ferien, geht erst zu Bett, wenn er erschöpft ist. Auch der Diabetes zehrt an seinen Kräften. Daher sieht er älter aus, als er ist.

Selbstporträt mit Staffelei
Paris, Nationalbibliothek

steigen nicht in den ersten Stock hinauf, ins Atelier. Nicht jetzt. Dafür ist keine Zeit. Solange das Licht gut ist, muß man draußen malen. Sie gehen in ein Zimmer, in dem ein alter, mit Blättern und ländlichen Szenen bemalter Wandschirm steht. Bernard entdeckt auch eine Büste aus rotem Ton, die Philippe Solari von Cézanne angefertigt hat. Der Maler aber hat angeblich keinen Augenblick dafür Modell stehen wollen. Er hatte dafür keine Ruhe, hatte anderes zu tun. Seine Malerei ... Solari hat getan, was er konnte, und im Erdgeschoß an der Büste gearbeitet, während Cézanne in seinem Atelier im ersten Stock malte, schließlich aber hat er aufgegeben. »Und er hat diesen Schmutz hinterlassen!« ruft Cézanne immer noch erzürnt aus, ergreift das Werk seines Freundes, geht in den Garten und zertrümmert es auf einem großen Stein, allerdings nicht auf dem Stein, unter dem er den Schlüssel aufbewahrt. Die Scherben bleiben dort liegen und werden während des ganzen Aufenthalts von Bernard in Aix nicht weggeräumt.

Bernard hat das Atelier des Lauves folgendermaßen beschrieben: »Das Haus ist ockerfarben und hat eine sehr einfache, klassische Form. Abgesehen von dem zu dünnen Schornstein ist es in einem sehr reinen Stil erbaut. (...) Das Dach teilt sich in zwei Giebelabschnitte, abgeschlossen von Kranzleisten mit drei Reihen Verzierungen wie in den alten, so wunderschönen provenzalischen Häusern ...« Auch das Atelier betritt er noch: »Das war ein großer, grau bemalter Raum, das Tageslicht kam von der Nordseite durch eine hohe Fensterwand herein.« Cézanne ist gerade dabei, ein Stilleben zu malen, »drei Schädel auf einem Orientteppich«. Einen Monat lang arbeitet er jeden Vormittag daran, am Nachmittag ist er »sur le motif«. Und jeden Tag ist Bernard aufs neue über die Veränderungen erstaunt, kann nur schwer verstehen, warum er mit der gleichen Beharrlichkeit, mit der Penelope das Leichengewand fertigte und wieder auftrennte, sein Werk stets von neuem schuf: »Das Bild veränderte beinahe jeden Tag Form und Farbe, und doch hätte man es, jedesmal, wenn ich ins Atelier kam, als ein fertiggestelltes Gemälde von der Staffelei nehmen können. Seine Vorgehensweise war eigentlich Meditation, mit dem Pinsel in der Hand.« Bernard betrachtet dieses kleine Bild gewissermaßen als Cézannes Testament. Und vielleicht ist es gar nicht so falsch, nicht sein großes Werk der *Badenden* oder

»Das war ein großer, grau bemalter Raum, das Tageslicht kam von der Nordseite durch eine hohe Fensterwand herein.« Der Maler Émile Bernard gehört zu den wenigen Personen, die das Atelier des Lauves betreten dürfen.

die letzten Fassungen des Mont Sainte-Victoire als sein Vermächtnis anzusehen, sondern dieses bescheidene Stilleben, das das traditionelle Thema der religiösen Malerei aufnimmt: die Vergänglichkeit, die Reflexion über den Tod. Vergänglichkeit des Lebens. Vergänglichkeit der Malerei? – Cézanne hat sich denn auch nie gebrüstet, die alleinige Wahrheit gefunden zu haben, und gibt damit jedem nachfolgenden Maler ein eindrückliches Beispiel für Bescheidenheit. Selbst in Les Lauves, auf dem Höhepunkt seiner Kunst, wird Cézanne noch von Zweifeln gequält.

Cézanne hat Monet um Giverny beneidet. Er hatte seinen Freund, einen der wenigen Maler seiner Generation, dem er stets Wertschätzung und freundschaftliche Gefühle entgegenbrachte, auf dessen Anwesen besucht, wo Natur und Malerei miteinander verwoben sind, wo durch einen raffinierten Gartenbau die Kunst die Natur beherrscht. Giverny war der Ort von Monets Malerei. Auch Cézanne hatte seinen Malort, den Jas de Bouffan, doch er hat ihn verlassen müssen. Allerdings hatte er den Jas nicht gestaltet, nicht geschaffen, wie Monet Giverny. Er hatte nie vor, einen Garten anzulegen, denn er liebte es nicht, wenn die Natur zu sehr von Menschenhand gezeichnet war. Er bevorzugte die Natur in ihrem Urzustand. Es wäre für ihn auch nicht denkbar gewesen, einen Wohnsitz wie Monet zu haben, in dem das familiäre und gesellschaftliche Leben eine der Malerei vergleichbare Harmonie aufwiesen. Monet war ein glücklicher Mensch und Maler. Für ihn gestalteten sich die Dinge des Lebens wesentlich einfacher als für Cézanne, der nur Maler sein wollte, der nur für die Malerei, in der Malerei lebte. Les Lauves, das Atelier in der Natur, war ein Ort künstlerischer Meditation, eine Einsiedelei für einen Maler-Mönch. Man sah dort weder Minister noch große Kunstherren. Man sah dort nur Cézanne, der bei diesem letzten Abenteuer vielleicht jenes Gelobte Land der Malerei

erreichte, zu dem er schon seit so langer Zeit unterwegs war. Er erinnert sich noch an Giverny, an Auguste Rodin und Georges Clemenceau, die er dort getroffen hat, auch an den Schriftsteller Octave Mirbeau und den Kritiker Gustave Geffroy, die einmal zum Mittagessen kamen. Die Gewandtheit von Monet im Umgang mit all diesen Leuten erstaunte ihn. Er hingegen war immer schüchtern gewesen, überzeugt, nicht richtig verstanden zu werden, hatte sich unwohl gefühlt, sobald er mit Leuten zusammen war, die er nicht kannte. Monet hatte eine günstige Gelegenheit gesehen, Cézanne, der sich, um die Gegend zu malen, in einem Wirtshaus einquartiert hat – in dem Mary Cassatt ihm übrigens begegnete –, mit Geffroy bekannt zu machen. Jener hatte, ohne Cézanne zu kennen, einen außerordentlich lobenden Artikel über dessen Malerei geschrieben, und dieser war ihm dafür sehr dankbar gewesen. Für Rodin hegte Cézanne große Bewunderung, und er soll einmal über ihn zu Joachim Gasquet, mit dem er aus dem »Salon« kam, gesagt haben, daß er »ein Mensch des Mittelalters« sei. Er hat sich sogar eine Photographie mit einer von Rodins Skulpturen gekauft. Auch Clemenceau, ein bedeutsamer Politiker, Freund von Zola und Dreyfusanhänger, konnte ihn mit seiner imposanten Persönlichkeit nicht gleichgültig lassen – vor allem auch, weil er sich schon sehr früh für die Malerei der Impressionisten interessierte, sich mit Monet anfreundete und schließlich sogar ein Buch über ihn schrieb. Auf Mirbeau hielt er ebenfalls große Stücke, wegen der Kraft seiner naturgetreuen Darstellung und seines Stils, wegen seines tiefen Verständnisses für die Malerei, das er auch als Kunstkritiker unter Beweis stellte. Das Mittagessen in Giverny war also wirklich ein Ereignis. Seine Gemütsbewegung war keinem der Gäste verborgen geblieben, und seine tiefe Bescheidenheit hatte sie erstaunt. Er war sogar glücklich gewesen, daß ihm Rodin die Hand gedrückt hatte! Ein anderes Mal wollte Monet, der stets von großer Zuvorkommenheit war, ihm zu Ehren ein Fest geben, mit Renoir, Sisley und einigen anderen Freunden. Bei Tisch brachte er einen Toast auf ihn aus, um ihm zu sagen, wie sehr ihn alle bewunderten. Cézanne aber glaubte, daß man sich über ihn lustig mache, und zog sich zurück. Das war 1894 gewesen, zehn Jahre zuvor, in Giverny, Monets Malparadies. Das seine war wilder, strenger. Und natürlich provenzalisch, fern von Paris und all den bedeutenden Leuten. Es war nur für ihn und die Malerei gedacht. Geselligkeiten veranstaltete er dort nicht.

Im Januar 1905 besuchten zwei junge Maler Cézanne und wurden in Les Lauves empfangen. H.-P. Rivière und J.-F. Schnerb haben folgende Erinnerung an sein Atelier hinterlassen: »In den Ecken standen aufgerollte oder noch auf ihren Rahmen aufgespannte Leinwände. Weitere Rollen lagen auf den Stühlen oder zerdrückt auf dem Boden. Beide Ateliers, das eine in der

Stilleben mit Vorhang und Blumenkrug
Sankt Petersburg, Eremitage

Cézanne bleibt auch in seinen letzten Jahren dem Geist der Stilleben seiner Jugendzeit treu: Äpfel (oder Orangen), raffiniert arrangierte Tischwäsche und einige Gegenstände. Hier zum Beispiel Teller und ein typisch provenzalischer Fayence-Krug.

Rue Boulegon und das andere auf dem Land, an dem Weg nach L'Aubassane [Atelier des Lauves], befanden sich in einer großen Unordnung, einer Unordnung ohne jede Gekünsteltheit. Die Wände waren kahl, das Licht grell. Halbgeleerte Tuben, Pinsel mit Borsten, die von den eingetrockneten Farben steif waren, Essensreste, die zu Stilleben dienten, bedeckten den Tisch. In einer anderen Ecke fand sich eine ganze Sammlung von Sonnenschirmen für Landschaftsmaler, die aufgrund ihrer groben Machart sicher von einem Händler aus dem Dorf stammten und deren Spitzen wohl ein Schmied aus der Nachbarschaft angefertigt hat. Daneben hingen Jagdtaschen für den Proviant, wenn er auf dem Land arbeitete.«

Cézanne spürt das Alter, Müdigkeit beschleicht ihn. Vielleicht rührt daher seine innere Unruhe, sein Getriebensein. Sein Ziel aber, so glaubt er zumindest, hat er noch nicht erreicht. Weiterhin zögert er mit den *Großen Badenden*, findet nicht die Lösung, die ihnen ihre endgültige Form geben könnte. Daher nimmt er sich Stillleben vor und versucht, in diesem Bereich ein Bild zu schaffen, an dem nichts mehr geändert werden muß. Ein wahrhaftes, absolutes Bild. Kein Wunder, daß er in den letzten Jahren immer weniger ausgeht, daß man ihn immer weniger in der Stadt sieht. Bernard bezeugt, daß er seine Kräfte nicht spart: »Ich habe ihn manchmal so erschöpft von der Arbeit gesehen, daß er nicht mehr reden und auch nicht mehr zuhören konnte. Er legte sich in einem beunruhigenden Zustand von Bewußtlosigkeit ins Bett. Am folgenden Tag war davon aber nichts mehr zu merken.«

»Das Stilleben ist in besonderer Weise Cézannes Experimentierbereich und auch seine Meisterschule«, sagt Jean Arrouye. In der Epoche des Impressionismus ist das Stilleben nicht in Mode, steht es doch im Gegensatz zur Natur- und Freilichtmalerei. Cézanne reiht sich damit also mehr in die Tradition der Ateliermalerei, der alten flämischen Meister und von Chardin ein, die von Manet abgelöst wurden. Die Bevorzugung dieses Genres bedeutet auch einen Angriff auf die akademische Malerei, die das Stilleben auf die unterste Stufe der Bildgattungen stellt. Der Stillebenmaler komponiert sein Motiv selbst (wie Monet seinen Garten) im Hinblick auf sein Gemälde, und er hat es im Griff, da das Sujet nicht größer als ein Tisch ist. Cézanne ist beides: Landschaftsmaler in impressionistischer Manier, der sich mit großem

»Das Stilleben ist in besonderer Weise Cézannes Experimentierbereich und auch seine Meisterschule.«
Jean Arrouye

Stilleben

Sankt Petersburg, Eremitage

Bemühen um Wahrheitstreue den Gegebenheiten der Natur fügt, und Ateliermaler, der sich auf ein Motiv konzentriert und dabei die Außenwelt vergißt. Für jemanden, der seine Werke ständig überarbeitet, der niemals mit dem zufrieden ist, was er malt, der zögert, seine Gemälde fertigzustellen, haben Stilleben den Vorteil, nicht den Launen des Wetters (allerdings variiert das Licht im Atelier auch je nach Tageszeit und Wetter) unterworfen und auch geduldiger als Menschen zu sein. Vor allem die Äpfel, die das Licht so gut aufnehmen, bieten ein immer neues Spiel der Reflexe! *Natures mortes?* Tot sind sie eigentlich nicht, zumindest nicht für den, der die Dinge zu betrachten weiß, der sieht, wie das Licht auf ihren Oberflächen spielt und lebendige Beziehungen zwischen ihnen knüpft. Das geringste Objekt, die bescheidenste Frucht ist für den Maler, der nur malen, das heißt sehen und in seinen Bildern seine Sicht der Dinge darstellen will, ein durchaus würdiges Thema.

Cézanne hat Émile Bernard einmal anvertraut: »Das Werk Gottes zu sehen, darum bin ich bemüht.« Er möchte keine Geschichten erzählen, daher mißtraut er auch der Literatur, wenn sie sich auf das Terrain der Malerei begibt und diese zur Illustration werden läßt. Das Werk Gottes ist natürlich dort am schönsten, wo es ursprünglich ist, und die Äpfel haben ihren besten Platz auf dem Baum. Ja, aber... Das ist nicht so einfach: Ein Apfel auf einem Baum ist kein Apfel mehr, er ist ein Teil des Baums, ein Farbklecks im Baum, und wenn ich einen Apfel sehen möchte, muß ich ihn vom Baum pflücken, ihn vor mich legen und ihn eindringlich betrachten, ohne daß ich mich von der Landschaft ablenken lasse. Die Landschaft, das ist etwas anderes. Das Stilleben aber ist die bloße Anwesenheit eines Objekts bzw. mehrerer Objekte. Was sich zwischen diesen untereinander sowie zwischen diesen und uns abspielt, ist bereits höchst kompliziert. Im Stilleben liegt etwas Beständiges, was die Landschaft nicht hat, es hat eine andersgeartete Natürlichkeit. Jean-Marie Baron und Pascal Bonafoux zitieren Cézanne in ihrem dem Stilleben gewidmeten Werk: »Die Natur ist stets die gleiche, aber nichts bleibt von dem, wie sie uns erscheint. Unsere Kunst soll ihr einen Hauch von ihrer Dauer geben, mit den Elementen, ein Erscheinungsbild ihres ständigen Wandels. Die Kunst soll ihr in unserer Vorstellung Ewigkeit verleihen. Was gibt es hinter ihr? Vielleicht nichts. Vielleicht alles.« Das ist also die Aufgabe der Malerei laut Cézanne. Das Wichtigste ist es zu schauen, aber hinter das äußere Erscheinungsbild der Dinge zu schauen. Das Wichtigste ist, die Natur zu hinterfragen, in ihr nach der möglichen Gegenwart Gottes zu suchen. So hat es den Anschein, daß Cézanne weniger auf der Suche nach dem Gelobten Land ist oder von der Rückkehr in irgendein verlorenes Paradies träumt, sondern daß er vielmehr in dieser Welt verankert ist und daß er, wie Franz von Assisi, den Schöpfer in seiner Schöpfung selbst anruft. Die Malerei ist jedoch nicht nur Kontemplation, sie ist auch Tat, Geste der Verehrung, zu der sich der Mensch vollständig, *hier und jetzt*, bekennt. Cézannes Malerei, so zerquält und unvollendet sie auch sein mag, ist eine Malerei der Ehrerbietung und Lobpreisung – und die Harmonie seines Werkes gründet sich letztlich darauf, mit der Harmonie der Natur gleichzuschwingen (in diesem Sinn meint Cézanne, daß die Malerei ein Gegenstück der Natur sei). Und das Atelier, das Atelier des Lauves, das Cézanne eigens für seine Aufgabe erbauen ließ, die er meistern wollte, ist der Tempel, in dem er sich auf dem steilen Weg der Malerei Gott nähert.

Es ist vierzig Jahre her, daß er sein erstes Stilleben, ein paar Pfirsiche, gemalt hat. Dann waren es Birnen, mit einem Zuckertopf und einer blauen Tasse. Das war zu einer Zeit, als er die Farben mit einem Spachtel dick auf die Leinwand auftrug, als er noch, in der Nachfolge von Delacroix und Courbet, eine Vorliebe für krasse Hell-Dunkel-Töne hatte. Darauf lernte er von Manet den Sinn für Komposition und den kunstvollen Einsatz von Grautönen. Später, unter dem Einfluß des Impressionismus, hellte er seine Motive und seine Gemälde auf und gestaltete den Bildaufbau leichter. Weit entfernt von der schweren, dunklen Malweise seiner Jugend, die nichts weiter war als der Ausdruck eines Oberflächenrealismus, malt Cézanne in seinen letzten Jahren gleichermaßen das Licht und das Motiv. Das Licht bestimmt den Bildaufbau, den er gern entgegen den Regeln der Komposition und der Perspektive konzipiert. So sind seine Bilder niemals

Inzwischen hat sich die Stadt Aix ausgebreitet, und heute befindet sich das Atelier des Lauves nicht mehr auf dem Lande. Man kann das gut erhaltene Atelier und seinen Garten jedoch als kleines Museum besichtigen.

geschlossen, sondern öffnen sich auf einen Raum, der nicht durch die Ränder der Leinwand begrenzt ist, der sich nicht um einen Fluchtpunkt verdichtet, der wirklich in Bewegung zu sein scheint. Ja, die Dinge von Cézannes Stilleben sind durch das Licht in Bewegung versetzt, sind lebendig. Und mit diesem Leben der Dinge beseelt er seine Malerei. Nein, der Tisch ist kein fester Gegenstand, keine unbewegliche Tragfläche, er ist ein seltsames Wesen, nach den Gesetzen der euklidischen Geometrie gemalt, das Werk eines wenig begabten Tischlers. Und man möge nicht, wie viele seiner Zeitgenossen, denken, Cézanne könne nicht malen: Er hat anders gezeichnet, weil er etwas anderes gezeichnet, gemalt hat als die Maler seiner Zeit oder vor ihm. Cézanne malt die Dinge, die Welt in Bewegung, in ständiger Verwandlung. Er malt, was hinter ihrem Erscheinungsbild liegt, auf das sich die traditionellen Maler und auch die Impressionisten beschränkten und das nur einen Moment der Wirklichkeit wiedergibt: Er malt die Schwingung der Materie im Licht, die Wellenbewegung, die das Leben selbst ist, der Urgrund der Welt. Für ein solches Vorhaben, das mehr Sensibilität als Beobachtungsgabe erfordert, gewinnt die Auswahl der Bildmotive an Bedeutung: Die Gegenstände und Früchte, die er in seiner Malerei preist, sind keine Zufallsprodukte, sie gehören zu seinem täglichen Leben. Es ist fast immer derselbe Tisch, der als Bühne und Dekor dient, vor allem zur Zeit des Jas, wo der Blick sich auf einen Hintergrund öffnen konnte, die Tiefe eines Raumes oder einen unbestimmten Fond *(Nature morte au vase pique-fleurs: Stilleben mit Einsteckvase)*. Es genügt ein Tischtuch, das sich verschoben hat, ein wie ein Vorhang hochgeschlagener Stoff, um ein wenig Theater zu spielen und einen komplexen Raum zu erzeugen. Auf dem Tisch stehen Fayence-Töpfe der Region, ein Henkelkrug, eine Vase, eine Schüssel, ein Teller, ein Glas, eine Flasche … Lauter gewöhnliche Gegenstände (außer den drei Schädeln oder dem kleinen Putto mit den abgebrochenen Armen, der fälschlicherweise Puget zugeschrieben wird), die nichts Wertvolles sind, weder edles Kristallglas noch kostbare Goldschmiedearbeit. Die Hauptrolle bleibt aber immer den Früchten überlassen, deren Farben wärmer und leuchtender sind und deren Rundungen das Licht auf sich ziehen: Äpfel natürlich, aber auch Pfirsiche, Aprikosen, Orangen, Zitronen, Birnen, seltener ein kleines Brot, Gebäck, zwei Eier, Zwiebeln … O nein, das ist nicht das ganze Angebot des Marktes, es sind nur einige aus-

Cézanne, der in seiner Jugend ungläubig war, wurde im Alter zu einem überzeugten Katholiken und besuchte regelmäßig die Gottesdienste in der Kathedrale.

gewählte, einige gewöhnliche Gaben, bestimmt für das Loblied auf die Natur, für jenes andächtige Gebet, die Malerei im Atelier.

Der Tempel umfaßt nicht nur das Haus, sondern auch den Bereich, der es umgibt. Der Garten von Les Lauves ist Teil von Cézannes Tempel, und das Atelier kann ebenfalls zum Motiv werden. Es ist ein wilder Garten, kein herrschaftlicher Park wie im Jas de Bouffan, auch wenn dieser nicht sehr gepflegt wurde. Ein verwildertes Landstück, in dem Pflanzen, sich selbst überlassen, ganz nach Belieben wachsen und nur dann ein wenig in Ordnung gebracht werden, wenn man nicht mehr durchkommt. Um den für die Region typischen Olivenbaum stehen Lorbeerbäume, Flieder, Granatapfel- und Judasbäume sowie wilde Kirsch- und Pflaumenbäume. Rosen, Salbei und Geranien vor dem Haus geben bunte Farbtupfer und gleichen das viele Grün etwas aus. Aber Cézanne entwirft seinen Garten nicht neu, wie Monet in Giverny, er schneidet ihn nur etwas zurecht, macht ihn etwas freundlicher. Monet zwingt der Natur seinen Gestaltungswillen auf, um sie für seine Malerei zu formen, Cézanne dagegen hält Zwiesprache mit ihr, ergänzt, aber widerspricht nicht. Und auch er malt seinen Garten.

Der Gärtner Vallier kümmert sich um die Bäume und Blumen und kleinere handwerkliche Arbeiten, die im Haus notwendig sind. Er ist ein ruhiger, sanftmütiger Mann, ein ehemaliger Matrose. Auf der Terrasse vor dem Garten posiert er sogar für Cézanne, mit einem Strohhut oder einer Schirmmütze auf dem Kopf. Es genügt, dazusitzen und seinen Gedanken nachzugehen …

Das ist der Vorteil hier in Les Lauves, daß man Porträts im Freien malen kann, ein alter Traum von Cézanne. Im Jas de Bouffan mochte und wagte er dies nicht, da es dort immer zu viele Leute gab, die Familie, die Arbeiter, die Gäste. Sie schauten, was man machte, verwickelten einen in ein Gespräch. Aber wenn er malt, möchte Cézanne seine Ruhe haben. So ist es häufiger vorgekommen, daß er, wenn er beim Malen »sur le motif« gestört wurde, in aller Eile seine Sachen zusammenpackte und heimging, weil er sich bei seiner Arbeit nicht mehr konzentrieren konnte. Glaubten die Leute etwa, daß man beim Malen nicht denken muß?

Heute hat Vallier, der Gärtner von Les Lauves, einen Platz in der Geschichte der Malerei, weil er sich bereitwillig dem Wunsch seines Arbeitgebers gefügt und ihm sein schönes, ruhevolles Antlitz dargeboten hat. Das Antlitz eines Mannes, der es gewöhnt ist, sich den Gesetzen der Natur, dem Rhythmus der Jahreszeiten und der Zeit zu unterwerfen, da er weiß, daß es nichts nützt, etwas erzwingen zu wollen, da nur reifen wird, was Muße zu seiner Entfaltung hat. Auch die Malerei braucht Zeit zur Reife, und dies hängt nicht vom Menschenwillen

Geranientopf und Früchte
New York, Metropolitan Museum of Art

Cézanne hat stets diesen Putto bei sich aufbewahrt (unteres Bild), von dem er glaubte, er sei ein Werk von Puget, für den er große Bewunderung hegte. Er hat den Putto auch mehrmals gezeichnet und gemalt.

allein ab. Und es ist sicherlich kein Zufall, daß es ein Gärtner ist, mit dem Cézanne seinen Traum realisieren konnte, ein Porträt in dem Licht und den Farben der Natur zu malen und zu zeigen, daß der Mensch einen Bestandteil der Natur darstellt. Nicht verschmolzen, aufgelöst wie in der impressionistischen Sichtweise, sondern deutlich wahrnehmbar in der Natur, die Umrisse klar abgegrenzt und dennoch aus dem gleichen Stoff, als ob sich in ihm das ganze Licht, die ganze Kraft der Natur konzentriere.

Hier, in dem Garten von Les Lauves, hat Cézanne seine »Formel« gefunden. Mit seinen *Großen Badenden* hat er sie weitergeführt. Émile Bernard hat ihn vor einer der vollkommensten Versionen dieses großartigen Werkes, das er im Atelier geschaffen hat, photographiert: sitzend, augenscheinlich heiter, mit wachen Augen, die Hose mit Farbklecksen beschmiert.

Ein weiteres Thema, das Cézanne stets fasziniert hat, ist das *Déjeuner sur l'herbe (Frühstück im Freien)* gewesen, mit dem Manet die neue Malerei begründet hat und von dem er selbst eine sehr merkwürdige Fassung – allerdings nicht mit nackten Menschen – gemalt hat: Es stellt eine rätselhafte Szene dar, bei der einige Personen um ein Tuch mit roten Früchten gruppiert sind. Er selbst hat sich im Vordergrund mit erhobenem Finger dargestellt, als wolle er den anderen etwas erklären. Dennoch war es immer sein Ziel, nackte Körper in der Natur zu malen, das heißt ein Bild des menschlichen, vor allem des weiblichen Körpers zu entwerfen, der sich in seiner ganzen *Natürlichkeit*, ohne den gesellschaftlichen, zivilisatorischen Ballast, die Kleidung, mit der Landschaft in voller Harmonie befindet. Die nackten Menschen von Cézanne haben keinerlei erotische Ausstrahlung, sie wirken in ihrer Körperlichkeit unschuldig, rousseauistisch.

Als er jünger war, scheute er sich nicht, auch gewagtere Szenen darzustellen – wie *L'Après-midi à Naples (Nachmittag in Neapel)*, *L'Enlèvement (Die Entführung)*, *Une moderne Olympia (Eine moderne Olympia)* –, auf seinen späteren Gemälden aber stellt er weniger offensichtliche Themen ohne jegliche Anzüglichkeit dar. Die *Badenden* sind zeremoniöse Kompositionen, auf denen die Personen sowohl im Einklang miteinander als auch mit der sie umgebenden Natur erscheinen, die übrigens mehr aus Bäumen als aus Wasser besteht. Das Baden ist auch nicht ihre einzige Beschäftigung. So findet man, betrachtet man die Bilder, im Vordergrund zum Beispiel die Überreste einer Mahlzeit (einen Früchtekorb, ein umgeworfenes Glas) oder jenen merkwürdigen Gegenstand, der an eine Pfanne denken läßt und den eine Badende sorgfältig hält, während sich zwei weitere darüber beugen. Was sie da wohl köcheln?

Jung und noch anderen Geistes malte Cézanne *L'Orgie (Die Orgie)*, ein erstaunliches Gemälde, das eine Art Festessen bei Sardanapal darzustellen scheint und wo sich in einer Atmosphäre des Luxus die Üppigkeit der Speisen mit lasziven, nackten Körpern verbindet. Seitdem hat Cézanne einen langen Weg zurückgelegt, seine Malerei von jeder literarischen Intention befreit, eine neue Darstellungsart des menschlichen Körpers sowie neue Harmonien der Komposition und Farbe entdeckt. Die Betrachtung dieses frühen Bildes aber zeigt uns, wie sehr

Nacktheit und kulinarische Genüsse für Cézanne zunächst miteinander verknüpft waren, welch großer Romantiker er letztlich war, bestimmt von Sehnsüchten und der Lust am Leben.

In den späteren Jahren hat er, natürlich auch bedingt durch sein Alter und seine Malerei, zu einer geistigeren Einstellung zum Leben und zum Platz des Menschen in dieser Welt gefunden.

Es ist seltsam, daß noch niemand bemerkt hat, daß diese *Orgie* eigentlich eine Nachahmung eines Gemäldes von Rubens ist, das 1860 vom Musée Granet in Aix erworben wurde (Sammlung Bourguignon de Fabregoules) und auf dem *La Vierge entourée de Saints et de Saintes (Die Jungfrau Maria umgeben von Heiligen)* abgebildet ist. Cézanne hat also ein ursprünglich christliches Motiv in ein

Vom Atelier des Lauves waren es nur wenige Schritte den Berg hinauf, und man hatte einen herrlichen Blick auf den Mont Sainte-Victoire. Selbst in seinen letzten Tagen malte Cézanne noch dieses Motiv, das ihn nie losgelassen hat.

Das Gebirgsmassiv Sainte-Victoire

Sankt Petersburg, Eremitage

heidnisches verwandelt. Der Malereikult, der fünfunddreißig Jahre später im Atelier des Lauves zelebriert wurde und dessen spektakulärste Ikone die *Großen Badenden* sind, hat möglicherweise seinen Ursprung in dieser jugendlichen Provokation, in dieser Bedeutungsumkehrung. Und diese mag auch den Schlüssel dafür liefern, warum Cézanne letztlich nicht im Klagen verharrte, sondern sich entschied, die Welt zu lobpreisen.

Rezepte

Stilleben: Äpfel, Birnen und Topf

Im Landesinneren der Provence, wo die Küche karger, aber authentischer als an der Küste ist, nennt man die Knoblauchzehe grain *(Korn)* d'ail *statt* gousse d'ail, *das Bohnenkraut* pèbre d'ase *(Eselspfeffer) statt sariette, der Thymian heißt hier* farigoulette *statt* thym; *man gibt dem zarten weißen Teil des Lauchs den Vorzug vor der ordinären Zwiebel; zum Kochen benützt man noch gern und häufig den* tian, *ein rustikales glasiertes Tongefäß, dessen Name sich auf die darin gekochten Gerichte übertragen hat.*

Suppen

Soupe aux porris et aux vermichelli

Lauchsuppe mit Fadennudeln

Für 6 Personen

3 mittelgroße Stangen Lauch, 2 Knoblauchzehen, 1 kleiner Zweig Thymian oder Bohnenkraut, 1 kleiner Zweig Salbei, 1/2 Bund Petersilie, 1 EL Olivenöl, 1 1/2 l Hühner-, Kalbs- oder Lammbrühe (siehe Rezept Seite 184), gut entfettet, 1 gute Handvoll Fadennudeln, Salz, schwarzer Pfeffer aus der Mühle, geriebene Muskatnuß

Den Lauch längs halbieren und den zartgrünen sowie den weißen Teil unter fließendem kaltem Wasser gründlich säubern. Den dunkelgrünen Teil des Lauchs mit dem Thymianzweig oder dem Bohnenkraut, dem Salbei und den Petersilienstengeln zusammenbinden. Die Knoblauchzehen schälen, mit der Messerklinge zerdrücken und in der Brühe mitkochen lassen.

Den Lauch *(porris)* abtropfen lassen, in ganz feine Streifen schneiden und mit einem Küchentuch trockentupfen. In einem rostfreien Topf das Öl bei mittlerer Temperatur heiß werden lassen und den Lauch hineingeben.

Den Herd ganz herunterschalten und den Lauch unter Rühren 5 Minuten anschmoren lassen. Den Knoblauch aus der Brühe zugeben, nach einigen Minuten mit der Brühe aufgießen und den Kräuterstrauß zugeben. Die Suppe zugedeckt 25 Minuten köcheln lassen. Die Temperatur hochschalten und die Fadennudeln (*vermichelli*, wie sie im Provenzalischen genannt werden) in die kochende Suppe geben. Die Nudeln ohne Deckel *al dente* kochen. Die Suppe kurz vor Ende der Kochzeit mit Salz, Pfeffer aus der Mühle und etwas geriebener Muskatnuß abschmecken.

Die Temperatur herunterschalten, den Topf zu drei Vierteln mit einem Deckel zudecken und die Nudeln noch etwas in der Suppe ziehen lassen.

In der Zwischenzeit ein Schüsselchen mit geriebenem Käse (Parmesan oder Comté) sowie ein kleines Kännchen mit gutem Olivenöl bereitstellen, aus denen sich jeder nach Laune und Geschmack bedienen kann.

Wenn Cézannes Gäste nicht Diät halten mußten, pflegte Madame Brémont einen ordentlichen Löffel Tomaten-Coulis (siehe Rezept Seite 180) über den Lauch zu verteilen sowie ein Schüsselchen Aïoli *(siehe Rezept Seite 181) aufzutragen. Um die Suppe sättigender zu machen – wenn sie als Hauptmahlzeit aufgetragen wurde –, gab Madame Brémont manchmal Kartoffelstückchen hinein, die sie, wenn sie gar waren, mit der Gabel zerdrückte. Jeder bekam außerdem ein pochiertes Ei in den Teller.*

Aïgo boulido

SALBEI-KNOBLAUCH-SUPPE

Die Königin der provenzalischen Suppen, die auch von Cézanne besonders geliebt wurde und die er sich immer wieder schmecken ließ. Ihr Name, wörtlich: gekochtes Wasser, ist natürlich eine Untertreibung.

Für 6 Personen

6 Knoblauchzehen, 1 ganzer Zweig frischer Salbei, 1 kleiner Zweig Thymian, 1/2 Lorbeerblatt, grobes Salz, Pfeffer

Als Beilage: 6 Scheiben Bauernbrot, 6 pochierte Eier, 2 EL kaltgepreßtes Olivenöl, geriebener Käse

Die Knoblauchzehen samt Schale leicht zerdrücken und in einem Liter Wasser oder in einer leichten Hühnerbrühe mit Thymian, Lorbeerblatt und Salz langsam aufkochen lassen.

In der Zwischenzeit die Brotscheiben im Ofen oder auf dem Grill ohne Fett rösten, etwas alten Comté, ersatzweise Gruyère oder Emmentaler oder einen harten Ziegenkäse reiben. Die Salbeiblätter abzupfen und nach etwa 5 Minuten Kochzeit in die Brühe geben. Den Herd abschalten und die Salbeiblätter zugedeckt in der Brühe ziehen lassen.

Inzwischen die Eier pochieren. Suppenteller vorwärmen und jeweils eine geröstete Scheibe Brot mit etwas kaltgepreßtem Olivenöl beträufeln und hineingeben. Ein pochiertes Ei auf das Brot setzen. Thymian und Lorbeerblatt aus dem Topf nehmen. Die Knoblauchzehen ebenfalls herausnehmen, das zerkochte Knoblauchmus mit der Messerklinge aus der Schale drücken und zurück in die Brühe geben. Die Suppe mit Salz und frisch gemahlenem Pfeffer abschmecken und samt den Salbeiblättern auf die Teller verteilen. Mit geriebenem Käse bestreuen und sehr heiß auftragen.

Die Aïgo boulido *gehört zu den klassischen Gerichten der südfranzösischen Familienküche. Man sagt ihr sprichwörtliche Heilkräfte nach:* L'aïgo boulido sauvo la vido *(die* Aïgo boulido *rettet einem das Leben); mit ihrer Hilfe lassen sich die schwersten Speisen verdauen – in diesem Fall sollte man allerdings auf das pochierte Ei verzichten.*

Modernere Abwandlungen des Gerichts sehen die Zugabe von Mohrrüben in Julienne-Streifen oder kleingeschnittener Hühnerbrust vor, was sicher nicht schlecht schmeckt, aber nichts mehr mit der schlichten Küche, wie Cézanne sie liebte, zu tun hat.

Soupe d'épeautre au petit salé

DINKELSUPPE MIT GEPÖKELTEM BAUCHSPECK

Dinkel, eine Weizenform mit kleinen braunen Körnern, ist ein typisches Getreide der Haute-Provence und der Basses-Alpes. Sein Geschmack ist unverwechselbar. Er läßt sich notfalls jedoch durch vorgequollenen und -gekochten Weizen, Reis oder Perlgraupen ersetzen. Serviert man nach dieser Wintersuppe, die gewöhnlich von einem grünen Salat begleitet wird, einen Schafs- oder Ziegenkäse und ein Kompott, ergibt dies eine vollständige Mahlzeit.

Für 6 Personen

300 g Dinkel, 350 g gepökelter Bauchspeck , 1 große Zwiebel, 2 Knoblauchzehen, 2 mittelgroße Stangen Lauch, 2 Stangen Sellerie, 2 Mohrrüben, 1 weißes Rübchen, 2 Gewürznelken, 1 Bouquet garni, bestehend aus Petersilienwurzeln und einem Zweig Majoran, etwas Salz, schwarzer Pfeffer, 1 EL Olivenöl

Die Zwiebel schälen und in dünne Ringe schneiden. Den gepökelten Bauchspeck mitsamt der Schwarte in sechs Teile schneiden.

In einem großen Topf bei mittlerer Temperatur

In der Rue Boulegon. Makkaroni mit Lammsauce (Rezept Seite 168)

das Öl heiß werden lassen, Zwiebelringe und Bauchspeck hineingeben und unter gelegentlichem Rühren goldgelb werden lassen.

In der Zwischenzeit die Gemüse putzen, das Dunkelgrüne vom Lauch zum Bouquet garni geben, in das man die beiden Gewürznelken steckt.

Die Gemüse in den Topf geben, gut verrühren und mit 3 Liter Wasser auffüllen. Knoblauchzehen und Bouquet garni zugeben sowie etwas grob zerstoßenen Pfeffer. Die Suppe wird erst später gesalzen, da der Bauchspeck noch Salz abgibt. Das Ganze aufkochen lassen, den aufsteigenden Schaum immer wieder abschöpfen.

Die Temperatur herunterschalten und die Suppe zugedeckt leise köcheln lassen.

Nach 45 Minuten den Dinkel unter Rühren in die Suppe streuen und zugedeckt bei niedriger Temperatur 35 bis 40 Minuten köcheln lassen. Der Dinkel löst sich während des Kochens auf und macht die Suppe angenehm sämig.

Das Bouquet garni entfernen. Die Dinkelsuppe abschmecken und den Speck aus dem Topf nehmen. Die Suppe in eine Terrine gießen. Den Bauchspeck mit einer Aïoli (siehe Rezept Seite 181) oder einer Vinaigrette extra reichen. Große Scheiben kräftiges Sauerteigbrot rösten, mit einer Paste aus zerstoßenem Knoblauch und Thymian bestreichen und dazu reichen.

Soupe à l'eigreto

SAUERAMPFER-SUPPE

Für 6 Personen

1 Handvoll Sauerampfer, 1 Handvoll Spinat, 1 Herz eines römischen Salats, 1 mittelgroße Stange Lauch, 1/2 Bund Petersilie, 1 Knoblauchzehe, 2 große mehligkochende Kartoffeln (zum Beispiel Bintje), 1 EL Olivenöl, 2 l entfettete Rinderbrühe, 2 Eier, Salz und Pfeffer

Die in diesem Rezept angegebenen Blattgemüse, außer Sauerampfer, lassen sich je nach Saison beliebig durch andere ersetzen beziehungsweise ergänzen. Auch Mangoldblätter und Portulak können verwendet werden. Die Gemüse putzen, waschen, abtropfen lassen und grob zerkleinern. Vom Lauch nur das zarte Grün verwenden, gründlich abspülen und kleinschneiden. Knoblauch schälen und feinhacken. Die Kartoffeln ebenfalls schälen, waschen und in kleine Würfel schneiden.

Das Öl in einem Stahltopf bei niedriger Temperatur heiß werden lassen, Kartoffeln und Lauch hineingeben und unter Rühren etwa 5 Minuten schmoren lassen. Blattgemüse und Knoblauch zugeben und die Blätter unter Rühren zusammenfallen lassen.

Die Brühe erhitzen, zu den Gemüsen geben und das Ganze ohne Deckel aufkochen lassen. Die Suppe abschmecken und zugedeckt bei niedriger Temperatur etwa 20 Minuten köcheln lassen. Nach Ende der Kochzeit die Suppe durch ein Sieb oder eine Gemüsemühle passieren.

Eine Terrine vorwärmen, eine kleine Schöpfkelle Suppe hineingeben und vorsichtig die Eier hineinschlagen. Das Ganze wie ein Omelette miteinander verquirlen. Nach und nach vorsichtig die restliche Suppe unterrühren, damit die Eier nicht gerinnen. Sofort mit oder ohne geriebenen Käse auftragen.

Man kann diese Suppe auch ohne Kartoffeln zubereiten. Sie wird dann nur durch das Blattgemüse und etwas Sellerie, den man anstelle der Kartoffeln hineingibt, gebunden. Auf den Sauerampfer, dessen säuerlicher Geschmack der Suppe ihren Namen gibt – eigreto (aigrelet) *bedeutet säuerlich –, kann allerdings nicht verzichtet werden.*

Vorspeisen

Omelette aux champignons

Omelette mit Pilzen

Für 6 Personen

300 g Waldpilze, 4 EL Olivenöl, den weißen Teil von 2 Stangen Lauch, 4 – 5 Zweige glatte Petersilie, 2 Knoblauchzehen, Salz und Pfeffer aus der Mühle, 8 Eier

Die Pilze mit einem feuchten Tuch abreiben, den erdigen Stiel putzen und feinhacken. Die Pilzhüte in Streifen schneiden.

Die Petersilie feinhacken und das Weiße vom Lauch gründlich spülen und in Scheiben schneiden. 2 Eßlöffel Olivenöl in einer großen Pfanne *(sartan)* heiß werden lassen, die gehackten Pilzstiele und den Lauch hineingeben. Man kann anstelle des Lauchs auch Frühlingszwiebeln mitsamt ihrem Grün verwenden. Die Provenzalen ziehen allerdings den Lauch vor, weil er einen feineren, nicht zu scharfen Geschmack hat. Pilzstiele und Lauch bei niedriger Temperatur anschmoren lassen, dabei gelegentlich umrühren.

Den Knoblauch schälen und feinhacken. Einen weiteren Eßlöffel Öl sowie die in Streifen geschnittenen Pilzhüte und den Knoblauch zum Pfanneninhalt geben. Gut umrühren und 3 bis 4 Minuten schmoren lassen. Mit Salz und Pfeffer abschmecken.

In der Zwischenzeit die Eier mit einem Eßlöffel Wasser oder gutem Weinessig aufschlagen. Mit Salz und Pfeffer würzen und die gehackte Petersilie unterrühren. Die verquirlten Eier in die Pfanne geben, die Temperatur hochschalten und die Masse stocken lassen. Mit einem Holzlöffel so lange rühren, bis das Omelette die gewünschte Konsistenz erreicht hat. Ißt man es zu Hause, kann man das Pilzomelette zur Hälfte übereinanderschlagen und auf einen vorgewärmten Teller gleiten lassen. Will man es zu einem Picknick oder als Imbiß mitnehmen, sollte man es wie einen *Crespeou* (Rezept siehe Seite 136) auf beiden Seiten backen.

Für dieses Omelette kann man alle Arten von Waldpilzen verwenden, wie zum Beispiel Steinpilze, Maronen oder Pfifferlinge. Will man die Pilze allein zubereiten, läßt man die Hüte ganz, brät sie in der Pfanne von beiden Seiten an und wendet sie, so daß die Unterseite nach oben zeigt. Sie werden dann mit Semmelbröseln bestreut und im heißen Backofen gratiniert.

Sardines à l'aigrelette

Sardinen mit Rotweinessig

Für 6 Personen

2 Dutzend frische Sardinen, 4 Knoblauchzehen, 1 Lorbeerblatt, 1 Prise Paprikapulver, 1 EL grobes Meersalz, schwarzer Pfeffer aus der Mühle, 6 – 8 EL Olivenöl, 6 EL Rotweinessig, glatte Petersilie, 2 Zitronen

Die Sardinen nacheinander unter fließendem kaltem Wasser gründlich waschen, dabei die Fische zwischen den Fingern reiben, um die Schuppen zu entfernen. Auf Küchenpapier abtropfen lassen und sorgfältig trockentupfen.

Die Knoblauchzehen schälen und fein hacken. Das Lorbeerblatt in kleine Stücke brechen und mit grobem Salz, schwarzem Pfeffer und/oder Paprikapulver sowie dem Knoblauch vermischen.

Das Öl in einer großen Pfanne erhitzen. Die Sardinen nebeneinander darin auslegen und, ohne zu wenden, bei mittlerer Temperatur 3 Minuten braten. Falls die Pfanne nicht groß genug ist, um alle Fische auf einmal aufzunehmen, werden die Sardinen nacheinander zu acht oder zu zwölft gebraten – die Würzzutaten müssen dann allerdings entsprechend aufgeteilt werden.

Die Sardinen kräftig bräunen lassen, mit zwei Schaumlöffeln oder Spateln wenden und mit der Gewürzmischung bestreuen. Je nach Größe der Fische auf dieser Seite 1 bis 2 Minuten braten.

Den Essig zugeben, die Sardinen 30 Sekunden ziehen lassen und aus der Pfanne nehmen. Auf einer vorgewärmten Platte anrichten.

Die Temperatur hochschalten, die Pfanne wieder auf den Herd stellen und den Bratensaft einkochen lassen. Inzwischen die Petersilie hacken und die beiden Zitronen vierteln. Etwas Petersilie in den kochenden Bratensaft geben, mit der restlichen Petersilie die Sardinen bestreuen. Die Sardinen mit dem reduzierten Bratensaft begießen und sofort mit Zitronenvierteln und geröstetem Landbrot servieren.

Man kann auch die Köpfe und Schwänze der Sardinen abschneiden, die Rückenflossen herausziehen und mit dem Daumen die Fische von der Bauchseite auseinanderklappen und die Mittelgräte entfernen. Vor dem Braten die Sardinenhälften wieder zusammendrücken und in ihre ursprüngliche Form bringen.

Pan-bagnat dit voyageur

Sandwich mit Nizza-Salat

Dieses mit Salade Niçoise *gefüllte Brötchen kann sowohl als herzhafter Imbiß wie auch als Vorspeise gegessen werden. Es läßt sich gut zum Picknick mitnehmen oder als Reiseproviant einpacken (voyageur = Wanderer, Reisender). Cézanne pflegte es in sein Landhaus oder, wenn er gerade im Freien malte, überall dorthin mitzunehmen, wo er gerade seine Staffelei aufstellte. Am besten für* Pan-bagnat *eignen sich die kleinen Marseiller Brötchen aus Hefeteig, die im Holzofen gebacken werden. Wegen ihrer Form – an den beiden Enden laufen sie spitz zu – werden sie auch* navettes *(Schiffchen) genannt. Sie können bei uns durch jedes kräftig schmeckende Brötchen oder ein gutes Landbrot ersetzt werden. Für die Füllung des* Pan-bagnat *gibt es keine strengen Regeln. Wer es sich leisten kann, gibt Thunfisch, Sardellen, Oliven und verschiedene Arten von Salat hinein. Bei der sparsameren Variante begnügt man sich damit, das Brötchen innen mit Knoblauch einzureiben und mit einer Vinaigrette zu beträufeln. (Das provenzalische Wort* Pan-bagnat *bedeutet »gebadetes«, »eingeweichtes« oder »befeuchtetes« Brot.)*

Pro Person 1 Brötchen

Füllung für 4-6 Brötchen:

2 hartgekochte Eier, 12 entsteinte schwarze Oliven, 1 kleine Frühlingszwiebel mit Grün, 2 mittelgroße reife Tomaten, 2 Sardellenfilets, 1 Stange Sellerie, 4 Basilikumblätter, 1 EL zerpflückter Thunfisch aus der Dose, 2 – 3 EL Vinaigrette, kräftig aufgeschlagen, Olivenöl, 2 Knoblauchzehen, schwarzer Pfeffer aus der Mühle

Die Tomaten schälen, in dünne Scheiben schneiden und die Samen vorsichtig herausdrücken (einem echten Provenzalen würde es allerdings nie einfallen, seine Tomaten zu schälen). Die Tomatenscheiben in eine Schüssel geben. Den Sellerie schälen, in dünne Scheiben schneiden und ebenfalls in die Schüssel geben. Feingehackte Frühlingszwiebel, in feine Streifen geschnittenes Basilikum, schwarze Oliven, die Hälfte der Vinaigrette und Olivenöl nach Geschmack zugeben und kräftig mit Pfeffer würzen.

Alles gut miteinander vermischen. Die Schüssel mit Klarsichtfolie abdecken und die Mischung 2 Stunden an einem kühlen, aber nicht zu kalten Ort ziehen lassen.

Vom Brötchen das obere Drittel, das als Deckel dient, abschneiden. Das Brötchen aushöhlen, die Brotkrumen zur Tomaten-Sellerie-Mischung in die Schüssel geben. Das Innere des Brötchens und die Schnittfläche des Deckels mit der restlichen Vinaigrette und dem Öl befeuchten.

Erst kurz bevor sie als Vorspeise serviert werden sollen oder man sich auf den Weg zum Picknick oder auf die Reise macht, die Brötchen füllen. Den Thunfisch, die geachtelten hartgekochten Eier und die in kleine Stücke geschnittenen Sardellenfilets vorsichtig unter die kühlgestellte Mischung heben und das Ganze in die ausgehöhlten Brötchen geben.

Den Deckel daraufsetzen, die beiden Brötchenhälften zusammendrücken und – falls man das *Pan-bagnat* für unterwegs mitnehmen will – fest in Klarsicht- oder Alufolie einwickeln.

Crespeou aux herbes

Kräuteromelette

Für 6 Personen

8 Eier, 1 mittelgroße Zwiebel oder das Weiße von 1 Stange Lauch, 4 Mangoldblätter, nur das Grüne, 1 Handvoll zarte Sauerampferblätter, 1 Knoblauchzehe, 1 Prise Cayennepfeffer, 100 g geriebener Käse, 2 EL Olivenöl, Salz und Pfeffer

Die Zwiebel schälen oder den Lauch putzen und grob hacken. Den Knoblauch schälen und grob hacken. Die Blattgemüse putzen, gründlich waschen, gut abtropfen lassen und die Blätter zusammenrollen, um sie dann in feine Streifen zu schneiden.

In einem großen *sartan,* einer Bratpfanne, einen Eßlöffel Öl bei mittlerer Temperatur heiß werden lassen und Lauch oder Zwiebel hineingeben. Unter Rühren mit einem Holzlöffel Farbe annehmen lassen, dann die Blattgemüse und den Knoblauch zugeben. Die Temperatur herunterschalten und das Ganze kurz schmoren lassen. Die Pfanne vom Herd nehmen und die Gemüse leicht mit Salz und Pfeffer würzen.

Die Eier mit 2 Eßlöffel kaltem Wasser und den Gewürzen aufschlagen (man kann auch einen Eßlöffel Mehl dazugeben, dann wird das Omelette etwas fester). Die Gemüse aus der Pfanne nehmen und auf einen vorgewärmten Teller geben. Den restlichen Eßlöffel Olivenöl in die Pfanne geben und bei hoher Temperatur heiß werden lassen. Den Backofen auf 180° C schalten und einen Teller warm stellen.

Die verquirlten Eier in die Pfanne gießen und stocken lassen. Die geschmorten Gemüse darüber verteilen, mit dem geriebenen Käse bestreuen und, nachdem man die Hitze reduziert hat, mit einem Holzlöffel umrühren. Das Omelette einige Minuten schön aufgehen lassen.

Den Teller aus dem Ofen nehmen, über die Pfanne legen und das Omelette auf den Teller stürzen. Das Omelette mit der ungegarten Seite nach unter wieder in die Pfanne gleiten lassen, diese auf den Herd zurückstellen und das Omelette auf der anderen Seite braten. Eventuell noch etwas Olivenöl in die Pfanne geben. Das Omelette zugedeckt weitere 5 Minuten braten, damit es schön aufgehen kann. Das Omelette mit einigen Tropfen gutem Rotweinessig würzen und ganz heiß auftragen. Aber auch kalt, in Scheiben geschnitten, schmeckt es vorzüglich.

Cézanne schätzte diesen Imbiß vor allem dann, wenn er auf Motivsuche war. Der Crespeou *läßt sich mit den unterschiedlichsten Zutaten zubereiten. Die Provenzalen lieben es, Omelettes verschiedener Geschmacksrichtungen und Farben aufeinanderzuschichten und sie dann wie eine Torte aufzuschneiden.*

Gaieto de foie de porc

Schweineleber-Päckchen im Schweinenetz

Für 6 Personen

1 kg Schweineleber, 1 kg durchwachsener Speck, 1 großes Schweinenetz, 8 Knoblauchzehen, 1 Bund glatte Petersilie, 3 Salbeiblätter, 1 Bund frische Küchenkräuter, 1 Stück getrocknete Orangenschale, 1 Prise geriebene Muskatnuß, 5 Wacholderbeeren Salz, Pfefferkörner, Branntweinessig, 1 kleines Glas Tresterschnaps, feines Küchengarn

Das Schweinenetz, das möglichst keine Löcher haben sollte, in kaltem, gesalzenem Wasser, dem man etwas Essig zugibt, ziehen lassen.

Den Knoblauch schälen und feinhacken. Wacholderbeeren und Pfefferkörner zerdrücken, die Orangenschale zerkleinern. Petersilie, Küchenkräuter und Salbeiblätter feinhacken. Die Kräutermischung auf zwei tiefe Platten verteilen und jeweils mit Salz und geriebener Muskatnuß vermischen.

Den Speck in dünne Scheiben schneiden (früher verwendete man *la gaille*, das Fett vom Bauchfell des Schweins, daher der Name des Gerichts). Die Schweineleber ebenfalls in dünne Scheiben schneiden. Auf die eine Platte die Speckscheiben geben und in der Kräutermischung wenden, auf die andere die in Scheiben geschnittene Leber. Die Platten mit Klarsichtfolie abdecken und für 24 Stunden in den Kühlschrank stellen. Am nächsten Morgen das Schweinenetz aus dem Wasser nehmen, abtropfen lassen, abtrocknen und eine Stunde im Tresterschnaps ziehen lassen.

Eine große glasierte Tonform und feines Küchengarn bereitstellen.

Die beiden Platten mit dem Fleisch aus dem Kühlschrank holen. Das Schweinenetz aus dem Tresterschnaps nehmen. Den restlichen Schnaps auf die beiden Platten mit den Fleischscheiben verteilen. Das Schweinenetz auf einer Arbeitsplatte ausbreiten und noch einmal prüfen, ob es auch keine Löcher hat. Falls das Schweinenetz nicht intakt sein sollte, vom Rand ein Stück abschneiden und die Löcher damit abdecken. Das Schweinenetz in zwölf Quadrate aufteilen. Auf jedes Quadrat zuerst eine Scheibe Speck, dann etwas Leber und darauf wieder eine Scheibe Speck geben und so weiter. Jeweils mit einer Scheibe Speck abschließen. Das Schweinenetz darüberschlagen und jedes der zwölf Päckchen, die die Größe einer Orange haben sollten, mit Küchengarn verschnüren.

Den Backofen auf 210° C vorheizen.

Die gefüllten Schweinenetz-Päckchen nebeneinander in die glasierte Tonform setzen und für 35 Minuten in den heißen Ofen schieben. Den Herd abschalten und die Päckchen im Ofen abkühlen lassen. Man ißt die Scheineleber-Päckchen kalt als Vorspeise oder als Imbiß zwischendurch.

Cézanne pflegte, wenn er sich in sein kleines Landhaus begab, einige gaieto-*Päckchen in seinem Brotbeutel mitzunehmen. In der Stadt, zum Beispiel in Aix, bindet die bürgerliche Köchin den* gaieto, *der in anderen Regionen* gaillette *oder* caillette *genannt wird, heute wie einen Braten. Sie brät ihn gewöhnlich eine gute Stunde in einem Schmortopf, wobei sie den Braten mit trockenem provenzalischem Weißwein begießt. Auch wird er oft kalt, in Scheiben aufgeschnitten wie eine Pastete, gegessen.*

Aubergines grillées

Gegrillte Auberginen

Für 6 Personen

6 Auberginen, 2 EL Olivenöl, Saft von 1 unbehandelten Zitrone, 1/2 TL feingehackte Petersilie, 2 Knoblauchzehen, 6 Sardellenfilets, Pfeffer aus der Mühle

Die Auberginen waschen, jedoch weder schälen noch zerteilen. Den Stielansatz entfernen. Die Auberginen auf einen Holzkohlengrill legen oder in den 250° C heißen Ofen geben und so lange braten, bis sie weich sind. Während des Grillens die Früchte immer wieder wenden, damit sie gleichmäßig durchgaren. Die Auberginen vom Grill oder aus dem Ofen nehmen, etwas abkühlen lassen und längs halbieren. Mit der Schnittfläche nach unten eine Stunde im Olivenöl ziehen lassen. In der Zwischenzeit aus den Sardellenfilets noch eventuell vorhandene Gräten entfernen. Die Sardellenfilets feinhacken und zusammen mit der Petersilie und dem geschälten und feingehackten Knoblauch sowie Pfeffer und Zitronensaft vermischen. Auf Salz kann verzichtet werden, da die Sardellenfilets genügend Salz enthalten. Die Schnittflächen der Auberginen mit dieser Mischung bestreichen und die Fruchthälften wieder zusammenfügen.

Die Auberginen einzeln in Alufolie wickeln und gut verschließen. Bis zum Servieren kühl stellen.

Cézanne nahm die gegrillten Auberginen ebenso wie das Panbagnat *gern als Imbiß in sein kleines Landhaus mit.*

Man kann die Aubergines grillées *auch mit hartgekochten Eiern und in Scheiben geschnittenen Tomaten, über die man etwas feingehacktes Basilikum streut, servieren.*

Berlingueto

GEFÜLLTE EIER

Für 6 Personen

6 große hartgekochte Eier, 6 Scheiben altbackenes Baguette ohne Rinde, 2 EL leichte Brühe, Weißwein oder Milch, 5 Sardellenfilets, 4 Stengel glatte Petersilie, 6 Basilikumblätter, 3 Knoblauchzehen, grob gemahlener Pfeffer aus der Mühle, 2 EL Olivenöl, 2 EL Semmelbrösel, Salz

Weißbrot in Fischbrühe, Weißwein, Milch oder Wasser einweichen, danach kräftig ausdrücken. Die Sardellenfilets gründlich abspülen beziehungsweise gut wässern, wenn Sie in Salz eingelegte Filets verwenden. Den Knoblauch schälen, hacken und im Mörser mit den Basilikumblättern, dem eingeweichten Weißbrot und grob gemahlenem Pfeffer zu einer aromatischen Paste zerstoßen. Die Sardellenfilets trockentupfen und alle sichtbaren Gräten entfernen. Die Filets in Stücke schneiden und in den Mörser geben. Mit dem Stößel gründlich in die Paste einarbeiten. Nach und nach die abgezupfte und kleingeschnittene Petersilie sowie einen Eßlöffel Öl zugeben. Falls die Sardellenfilets in Olivenöl eingelegt sind, können Sie auch dieses verwenden.

Die hartgekochten Eier schälen und längs halbieren. Das Eigelb herausnehmen und in die Sardellenpaste einarbeiten. Die Paste nochmals gut abschmecken.

Eine feuerfeste Form bereitstellen, in der die zwölf Eierhälften nebeneinander Platz haben. Den Backofen auf 210° C vorheizen.

Die Eierhälften um zwei Millimeter an der Wölbung kappen, damit sie nicht kippen. Die Eier mit der Paste füllen, nebeneinander in die feuerfeste Form setzen und mit den Semmelbröseln bestreuen. Jedes *berlingot* mit ein wenig Öl beträufeln und die gefüllten Eier im Ofen goldgelb überbacken.

Heiß mit einer Tomatensauce servieren.

Berlingueto *heißt dieses Gericht, das man besonders in der Region von Carpentras schätzt, weil die gefüllten Eier den* berlingots, *einer in dieser Gegend hergestellten Bonbonart, ähneln.*

Überzieht man die gefüllten Eier mit einer Béchamel-Sauce oder serviert sie auf einem Gemüsebett (das man zum Beispiel aus Spinat- oder Mangoldblättern bereitet), wird aus der Vorspeise ein Hauptgericht.

Petits pâtés chauds

Kleine heisse Teigtaschen

Für 6 Personen

600 g Mürbeteig, 200 g roher Schinken, 150 g Wurstbrät, 200 g Puten- oder Fasanenbrust, ersatzweise Hühnerbrust, 1 Knoblauchzehe, das Grüne von 3 Mangoldblättern oder die gleiche Menge Spinat, 100 g Semmelbrösel, 1 Prise gemahlener Safran, 1 Messerspitze Bohnenkraut, Salz, Pfeffer, 1/2 unbehandelte Zitrone, 1 EL Olivenöl, 2 Eier, 1 Eigelb, Rum, Cognac oder Tresterschnaps

Den Mürbeteig zu einem großen Rechteck oder Quadrat ausrollen. Daraus 12 Quadrate von 11 bis 12 Zentimeter Seitenlänge schneiden und beiseite stellen.

Den Schinken und die Geflügelbrust in winzige Würfel schneiden (Fasanen- oder Putenbrust sind Hühnerbrust vorzuziehen, weil sie ein besseres Aroma haben). Das Mangoldgrün oder den geputzten jungen Spinat feinhacken. Die beiden Eier in eine Schüssel schlagen, mit Rum, Bauerntrester oder Cognac sowie Salz und Pfeffer verquirlen, dabei Bohnenkraut, Safran und Semmelbrösel zugeben. Die Schale einer halben Zitrone hineinreiben.

Den Knoblauch schälen und feinhacken. Mit dem Wurstbrät und dem Fleisch vermischen. Mit Salz und Pfeffer abschmecken. Diese Masse zu den Eiern geben und das Ganze mit eingeölten Händen so lange kneten, bis man einen gleichmäßigen Fleischteig erhält. Danach das feingehackte Mangoldgrün beziehungsweise den Spinat unterkneten. Dabei darauf achten, daß man den Teig nicht zu stark bearbeitet, denn das grüne Gemüse sollte schön knackig bleiben. Den Saft der halben Zitrone zugeben und alles noch einmal schnell durchkneten.

Falls Sie Zeit haben, machen Sie eine Kostprobe: Hierfür nehmen Sie ein haselnußgroßes Stück Fleischteig, drücken ihn flach und braten ihn einige Minuten auf beiden Seiten in der Pfanne. Der Fleischteig läßt sich natürlich auch ungebraten abschmecken.

Das Eigelb mit etwas Wasser oder Milch verquirlen. Das Backblech aus dem Ofen nehmen, leicht mit Öl bestreichen und den Backofen auf 210° C vorheizen.

Den Fleischteig in 12 gleichmäßige Kugeln formen, die man jeweils auf die Mitte eines Teigquadrats setzt. Die Fleischkugeln etwas flachdrücken, die vier Ecken des Teigquadrats darüberschlagen und die Teigränder mit etwas Wasser befeuchten und mit den Fingern zusammendrücken. Dort, wo die vier Teigecken zusammentreffen, eine kleine Öffnung lassen, damit die Feuchtigkeit entweichen kann. Die Teigtaschen mit dem verquirlten Eigelb bestreichen und auf das Backblech setzen.

20 Minuten in den Ofen schieben, danach die Temperatur auf 150 bis 180° C reduzieren und die Teigtaschen weitere 10–15 Minuten backen. Den Ofen abschalten, die Ofentür einen Spaltbreit öffnen und die Teigtaschen 5 Minuten ruhen lassen.

Sie werden heiß als Vorspeise serviert.

Man kann den Mürbeteig auch durch einen Blätterteig ersetzen. An Feier-, Fest- oder Sonntagen werden die Teigtaschen in Frankreich gern mit Blätterteig zubereitet. Aber Cézanne, der dieses Gericht gern in sein Landhaus mitnahm, aß es auch ganz einfach in ein Schweinenetz oder in ein Mangoldblatt eingewickelt. Madame Brémond pflegte die Teigtaschen in einem tian *zuzubereiten, damit sie nicht austrockneten, und stellte dazu eine Schüssel mit Tomatensauce auf den Tisch.*

Bougnettes de brandade

STOCKFISCH-FRIKADELLEN

Für 2-6 Personen (je nach Menge der Reste vom Stockfischpüree)

Reste vom Stockfischpüree, gleiche Menge mehligkochende Kartoffeln, für jeweils 200 g Teig 1 Ei, etwas Salz und Pfeffer, Mehl, Öl zum Ausbacken

Große, mehlige Kartoffeln kochen und zu einem Püree verarbeiten. Mit den mit Salz und Pfeffer verquirlten Eiern gründlich vermengen. Das Stockfischpüree unterrühren.

Eine Arbeitsfläche und die Hände mit Mehl bestäuben, etwas Mehl in einer Schüssel bereitstellen. Vom Teig ein eigroßes Stück nehmen, zwischen den beiden Handflächen zu einer Kugel formen und auf der Arbeitsfläche zu einer Frikadelle flachdrücken.

Das Öl in einer tiefen Pfanne erhitzen und die Frikadellen darin auf jeder Seite goldbraun braten.

Mit Tomaten-Coulis, einer Fenchel- oder grünen Sauce oder einer *Raïto* (siehe Rezept Seite 181) und einem Löwenzahn-Salat servieren.

Tartines frites aux anchois

GERÖSTETES BROT MIT SARDELLENSAUCE

Für 6 Personen

12 Scheiben Baguette, Olivenöl zum Ausbacken, Milch,

200 g Sardellensauce mit Kräutern (siehe Rezept Seite 182),

2 EL Tomaten-Coulis (siehe Rezept Seite 180)

Die 1½ Zentimeter dicken Baguette-Scheiben einige Minuten von jeder Seite in der Milch ziehen lassen. Danach die Brotscheiben auf einem Gitter abtropfen lassen, anschließend auf Küchenpapier legen.

In einem Fritiertopf oder in einer Pfanne das Olivenöl erhitzen und die Brotscheiben darin auf jeder Seite goldgelb werden lassen.

Die Brotscheiben mit einem Schaumlöffel herausnehmen und auf Küchenpapier abtropfen lassen. Auf das geröstete Brot zuerst den Tomaten-Coulis und anschließend die Sardellensauce geben. Sofort auftragen.

Eine andere, rustikalere Variante von tartines, *wie man sie vor dem Kamin des Landhauses sieht, werden aus geröstetem Landbrot zubereitet, das man mit dem belegt, was man zum Picknick mitträgt: mit einer* sauce aillade *mit Basilikum, Petersilie und Knoblauch, mit gerösteten, in Öl eingelegten Paprikaschoten oder mit einem Rest* Boumiano *(siehe Rezept Seite 162).*

Der auf dem Stein stehende Mörser (Foto oben) enthält die Zutaten für eine Anchoïade *(siehe Rezept Seite 182). Die Brotscheiben sind mit einer* tapenade *und mit kleingehackten Tomaten bestrichen, die mit Basilikum und Knoblauch bedeckt sind.*

Fischgerichte

Aïgo-saù

Provenzalische Fischsuppe

Für 6 Personen

$1^{1}/_{2}$ kg weißfleischige Fische, 6 große mehligkochende Kartoffeln, 1 Stange Lauch, 1 große Zwiebel, 2 Knoblauchzehen, 1 Fenchelknolle, 2 Tomaten oder 1 EL Tomaten-Coulis (siehe Rezept Seite 180), 1 Stange Sellerie, 1 Bouquet garni, 2 EL Olivenöl, grobes Meersalz, schwarzer Pfeffer, 1 Schälchen Rouille (siehe Rezept Seite 183), geriebener Käse

Für dieses Rezept muß man nicht unbedingt Edelfische verwenden. In Frankreich werden Fische wie Merlan, Drachenkopf und Lippfisch bevorzugt. Bei uns wird man sich mit dem saisonalen Marktangebot zufriedengeben müssen – die Fische sollten allerdings absolut frisch sein.

Die Fische ausnehmen, schuppen und gründlich abspülen. In drei Stücke zerteilen. Die Köpfe für die Suppe aufheben, sie geben ihr ein gutes Aroma.

Den Lauch putzen, den dunkelgrünen Teil für das Bouquet garni beiseite legen, das Weiße in Ringe schneiden und gründlich abspülen, damit kein Sand zurückbleibt. Die Kartoffeln (zum Beispiel Bintje) schälen, waschen, trockentupfen und in große Stücke schneiden. Knoblauch und Zwiebel schälen und feinhacken. Den Lauch ebenfalls trockentupfen.

Das Öl in einem großen Topf bei mittlerer Temperatur heiß werden lassen. Zwiebel, Lauch und Kartoffeln hineingeben und etwa 10 Minuten anbraten. Gelegentlich umrühren. Sollte das Gemüse zu schnell bräunen, die Hitze reduzieren. In der Zwischenzeit den Sellerie schälen und in dünne Scheiben schneiden. Den Fenchel in sechs Stücke zerteilen. Die Tomaten vierteln und die Kerne vorsichtig herausdrücken. Das Bouquet garni aus Petersilienwurzeln, Thymian, einem Lorbeerblatt, dem Grün vom Lauch und – nach Belieben – einem Stück getrockneter Orangenschale zusammenbinden.

Die Gemüse an den Rand des Topfes schieben, die Fischstücke einschließlich der Köpfe hineingeben und von allen Seiten jeweils 3 Minuten goldgelb anbraten. Sellerie, Fenchel und Knoblauch darüber verteilen. Die Fischstücke vorsichtig mit einem Holzspatel bewegen, damit die Gemüse in die Zwischenräume auf den Topfboden gleiten können. Tomaten oder Tomaten-Coulis zugeben und Temperatur hochschalten. Mit $2^{1}/_{2}$ Liter Wasser auffüllen und Salz, Pfeffer und das Bouquet garni zugeben. Den Topf zu etwa drei Vierteln mit einem Deckel bedecken und die Suppe aufkochen lassen.

Dann die Hitze reduzieren, den Topf bis auf einen kleinen Spalt fast vollständig bedecken und das Ganze 10 Minuten (oder 15 Minuten, falls es Ihnen nichts ausmacht, wenn der Fisch etwas zerfällt) köcheln lassen. Fischköpfe und Bouquet garni entfernen. Die Fischstücke aus dem Topf nehmen, auf vorgewärmten tiefen Tellern anrichten und sofort zusammen mit der Suppe auftragen. Dazu geriebenen alten Comté und eine *Rouille* (siehe Rezept Seite 183) reichen.

Zutaten für das Stockfischpüree

Brandade de morue

STOCKFISCHPÜREE

Für 6 Personen

600 g Stockfischfilet, 1/2 l abgekochte Milch, 1/2 l Olivenöl, 2 Knoblauchzehen, 1 Prise geriebene Muskatnuß, weißer Pfeffer aus der Mühle, 1 unbehandelte Zitrone

Für die Brühe:

1 Bouquet garni, 1 Zweig Fenchelgrün, 2 Knoblauchzehen, zerstoßener weißer Pfeffer

Den Stockfisch mindestens eine Nacht in kaltem Wasser ziehen lassen, dabei das Wasser einige Male wechseln. Prüfen, ob der Stockfisch genügend entsalzen ist.

Eine Brühe aus dem Bouquet garni, Fenchelgrün, ungeschälten Knoblauch und zerstoßenen Pfeffer bereiten. Die Brühe jedoch nicht salzen. Den gewässerten Stockfisch in die kalte Brühe legen, ohne Deckel auf den Herd stellen und bei niedriger Temperatur ziehen lassen. Der Stockfisch darf auf keinen Fall kochen, da sein Fleisch sonst zäh wird. Den Herd abschalten und den Stockfisch zugedeckt 10 Minuten in der Brühe pochieren. Den Stockfisch aus dem Topf nehmen, abtropfen und auf Küchenpapier abtrocknen lassen. Haut und Gräten entfernen und den Fisch in Stücke zerpflücken. Nach und nach mit den geschälten Knoblauchzehen im Mörser zu einem Püree verarbeiten. Eine nichtrostende Kasserolle mit Öl ausstreichen.

Vorbereitungen für das Stockfischpüree

In der Zwischenzeit das Olivenöl und die Milch jeweils in kleine Töpfe gießen. Die Zitrone gründlich abspülen, trockentupfen und die Schale reiben. Von einer halben Zitrone den Saft auspressen.

Die drei Töpfe bei kleiner Flamme auf den Herd stellen. Den zerpflückten Stockfisch mit einem Holzlöffel kräftig aufschlagen und abwechselnd löffelweise Milch und Öl unterrühren, bis beide Zutaten aufgebraucht sind. Der ausgewogene Wechsel beim Unterrühren der beiden Flüssigkeiten und eine kräftige Hand sind unabdingbar, soll die *Brandade* gut gelingen. Bei den alten Provenzalen heißt dieses Stockfischpüree *gangasso,* was soviel bedeutet wie »rühren«.

Damit das Stockfischpüree perfekt gelingt, ist es außerdem sehr wichtig, daß es auf niedriger Temperatur kräftig aufgeschlagen wird.

Die *Brandade* mit dem weißen Pfeffer, etwas Muskatnuß und der geriebenen Zitronenschale würzen und mit Zitronensaft abschmecken. Noch einmal kräftig umrühren.

Sehr heiß mit gedämpften Salz- oder Pellkartoffeln und mit gerösteten, mit Olivenöl und Thymian aromatisierten Brotscheiben auftragen, wie Daudet sie gern aß.

Mit *Brandade*-Resten kann man Röstbrot bestreichen oder Frikadellen (siehe Rezept Seite 140) zubereiten, oder man ißt übriggebliebenes Stockfischpüree direkt aus der Tonform oder aus der Pfanne mit darübergeschlagenen Eiern.

Einige modernere Zubereitungsmethoden ersetzen frische Milch gern durch Sahne und bedienen sich zur Arbeitserleichterung des Mixers. Der Arbeitsablauf bleibt dabei der gleiche.

Aurade à la provençale

Goldbrasse auf provenzalische Art

Für 6 Personen

1 Goldbrasse von etwa 1 1/2 bis 2 kg, 0,1 l Olivenöl, 2 Zitronen, 4 Stengel Fenchelgrün, 1/2 Bund glatte Petersilie, 1 Zweig großblättriges Basilikum, 3 Zucchini, 1 Fenchelknolle mit Grün, 3 Knoblauchzehen, 2 milde Zwiebeln, 3 Tomaten, 0,2 l trockener Weißwein, 100 g entsteinte schwarze Oliven, Salz und Pfeffer aus der Mühle

Den Fisch schuppen, ausnehmen und gründlich waschen. Die Bauchhöhle gut trockentupfen, dann mit Salz und Pfeffer würzen. Mit Petersilienstengeln (die Blätter benötigt man für die Sauce) und dem gehackten Fenchelgrün füllen. Eine halbe Zitrone in dünne Scheiben schneiden und ebenfalls in die Bauchhöhle geben.

Eine geräumige feuerfeste Form leicht mit Öl bestreichen. Die restlichen Zitronen, Fenchelknolle, ungeschälten Zucchini, Tomaten und Zwiebeln in dünne Scheiben schneiden und in der Form abwechselnd auslegen. Den Knoblauch schälen und feinhacken. Die Petersilie ebenfalls feinhacken. Jeweils die Hälfte von der Petersilie und dem Knoblauch über die Gemüse geben. Die Gemüse bei mittlerer Temperatur halb gar werden lassen.

Da die Gemüse eine längere Garzeit benötigen als der Fisch, ist es sinnvoll, sie 10 Minuten auf mittlerer Hitze vorzugaren. So werden sie schön zart und geben einen würzigen Saft ab, in dem der Fisch garziehen kann.

Den Backofen auf 210° C vorheizen.

Die Gemüse 10 Minuten garen lassen, dann den Fisch darauflegen. Mit Weißwein und Olivenöl begießen, mit etwas Salz und Pfeffer würzen und mit der restlichen Petersilie und dem Knoblauch bestreuen.

Den Fisch regelmäßig begießen. Nach 15 Minuten die Temperatur auf 180° C herunterschalten. Nach weiteren 10 Minuten die Basilikumblätter und die Oliven um den Fisch herum verteilen. Noch einmal gut begießen, die Hitze auf 150° C reduzieren und den Fisch weitere 10 Minuten garen. In der Form auftragen.

L'aurade, *wie dieser Edelfisch in den ländlichen Gegenden der Haute-Provence genannt wird, serviert man dort zu festlichen Gelegenheiten mit einer* oursinade, *einer Sauce, die man auf geröstete Brotscheiben streicht. Sie besteht aus einer* Aïoli, *die mit etwas Brühe verlängert und mit Seeigel-Corail gebunden wird.*

Fleisch und Geflügel

Carbounado

Geschmorte Lammfleischscheiben mit Gemüsen

Für 6 Personen

2 etwa 1 1/2 cm dicke Scheiben aus dem dicken Teil einer Lammkeule, 150 g gesalzener Bauchspeck, 1 Bund Frühlingszwiebeln, 4 junge Rübchen, 3 zarte Mohrrüben, 3 – 4 Mangoldstengel, 3 Stangen Sellerie, 4 schöne Tomaten oder 2 EL Tomaten-Coulis, 1 Zweig Rosmarin, 1 Prise geriebene Muskatnuß, Salz, Pfeffer, 0,2 l trockener Weißwein, 2 Knoblauchzehen, 1 Spritzer Olivenöl

Als Beilage: 1 kg frisch enthülste weiße Bohnen, 12 violette Artischocken, 1 Bouquet garni, 1 Knoblauchzehe, 1 Zitrone

Den Knoblauch schälen, in dünne Scheiben schneiden und die Oberseite einer Fleischscheibe damit belegen. Den Rosmarin abzupfen und die Nadeln ebenfalls darüber verteilen. Mit der anderen Fleischscheibe bedecken und auf eine eingeölte Platte oder einen großen Teller legen.

Den Speck abspülen, trockentupfen und in kleine Würfel schneiden.

Die Gemüse putzen, schälen, abspülen und trockentupfen. Die Frühlingszwiebeln nicht zerteilen, Rübchen und Mohrrüben vierteln, Sellerie und Mangold von Fäden befreien und in Stücke schneiden. Falls Sie kein Coulis verwenden, die Tomaten in Viertel zerteilen, die Kerne herausdrücken und die Früchte in einem Sieb abtropfen lassen.

Den Boden eines schweren Schmortopfes, der die beiden Fleischscheiben nebeneinander aufnehmen kann, mit Öl bestreichen. Auf dem Herd bei hoher Temperatur heiß werden lassen. Die Speckwürfel hineingeben und unter gelegentlichem Rühren Farbe annehmen lassen, mit einem Schaumlöffel herausnehmen und auf einen Teller geben. Die beiden Lammfleischscheiben – die mit Knoblauch und Rosmarin belegte Seite nach oben – in den Topf geben und 3 Minuten anbraten. Die Scheiben wenden, die Hitze reduzieren (damit Knoblauch und Rosmarin nicht anbrennen) und das Fleisch bei mittlerer Temperatur auf der anderen Seite ebenfalls anbraten. Die Speckwürfel wieder in den Topf geben und 3 bis 4 Minuten mitbraten lassen. Dann die Gemüse, außer Frühlingszwiebeln und Tomaten, zugeben. Die Fleischscheiben nochmals mit einem Spatel oder Holzlöffel wenden, ohne das Fleisch anzustechen. Speckwürfel und Gemüse Farbe annehmen lassen. Nach 7 bis 8 Minuten die Frühlingszwiebeln sowie die Tomaten bzw. den Tomaten-Coulis und etwas Olivenöl zugeben, gut umrühren und den Weißwein zugießen. Mit geriebener Muskatnuß, Pfeffer und wenig Salz (der Speck gibt Salz ab) würzen. Den Topf fest verschließen. Falls der Topfdeckel über ein Wasserreservoir verfügt, Wasser hineingeben und immer wieder damit auffüllen. Man kann den Deckel auch mit einem wassergetränkten Küchentuch belegen. Den Herd auf niedrigste Temperatur schalten und das Ganze mindestens 1 3/4 bis 2 Stunden schmoren lassen.

In der Zwischenzeit die kleinen violetten Artischocken separat zubereiten. Die Blattspitzen wegschneiden und die Artischocken in wenig Wasser mit Öl, Zitronensaft, Salz und Pfeffer kochen. Die Bohnen ebenfalls getrennt zubereiten. Sie werden in Wasser mit Knoblauch und einem Bouquet garni gegart.

Die *Carbounado* im Schmortopf auftragen. Die Sauce sollte schön eingekocht sein und kräftig Farbe angenommen haben. Das Artischocken- und Bohnengemüse extra dazu reichen.

Die Carbounado *ist ein traditionelles Gericht, das der berühmte provenzalische Dichter Mistral über alle Maßen rühmte und gern und oft auf seiner Tafel auftragen ließ. Der Name* Carbounado *hat seinen Ursprung in dem Wort* carboniser *(verkohlen): Die Sauce nimmt durch die lange Kochzeit eine dunkle, karamelartige Farbe an; dadurch bekommt das Gericht seinen ganz speziellen Geschmack.*

Pintadeau farci aux champignons

PERLHUHN MIT PILZFÜLLUNG

Für 6 Personen

2 junge Perlhühner oder 1 schönes großes Perlhuhn mit Leber(n), 150 g Wurstbrät, 1 Knoblauchzehe, 1 eigroßes Stück altbackenes Weißbrot ohne Rinde, 2 EL Milch, 4 Petersilienstengel, 3 Wacholderbeeren, 150 g Waldpilze, 1 Stange Lauch, 2 EL Olivenöl, Saft von 1/2 Zitrone, Salz und Pfeffer aus der Mühle
Gemüsebeilage nach Belieben, zum Beispiel kleine junge Zwiebeln, Fenchel, Sellerieherzen, säuerliche Äpfel oder Pilze

Die Pilze mit einem feuchten Tuch abreiben, die Hüte in Streifen schneiden, die Stiele putzen und feinhacken. Die Pilze in eine Schüssel geben und mit dem Zitronensaft beträufeln.

Die Petersilienblätter abzupfen und feinhacken. Die Petersilienstengel mit dem gründlich abgespülten dunkelgrünen Teil vom Lauch und der Schale der ausgepreßten halben Zitrone zu einem Bouquet garni zusammenbinden.

Das altbackene Brot zerpflücken, in eine Schüssel geben und mit der Milch beträufeln. Salz, Pfeffer, die zerdrückten oder zerstoßenen Wacholderbeeren, das Wurstbrät und den feingehackten Knoblauch zum Brot geben und alles gut miteinander vermengen. Zugedeckt beiseite stellen und ruhen lassen.

In einen Schmortopf, in dem das Geflügel gerade Platz hat, einen Eßlöffel Öl geben und bei mittlerer Temperatur heiß werden lassen. Das Weiße vom Lauch gut waschen und in 2 cm große Stücke schneiden. Ins heiße Öl geben und leicht anbräunen lassen. Den Lauch mit einem Schaumlöffel aus dem Öl nehmen. Die Geflügelleber(n) in den Schmortopf geben und 4 Minuten anbräunen lassen. Zum Ende der Bratzeit leicht mit Salz und Pfeffer würzen. Die Geflügelleber(n) herausnehmen und auf ein Brett legen. Etwas abkühlen lassen, mit dem Messer feinhacken und mit dem Lauch zu der Mischung in die Schüssel geben. Die Zutaten gründlich miteinander vermengen.

Das Geflügel mit der Farce füllen und die Öffnung zunähen. Bis zu diesem Arbeitsgang lassen sich die Perlhühner vorbereiten und bis zum nächsten Tag kühl stellen.

Eine Stunde vor dem Servieren das restliche Öl in den Schmortopf geben. Bei hoher Temperatur heiß werden lassen und das vorbereitete Geflügel darin von allen Seiten kräftig anbraten. Mit Salz und Pfeffer würzen.

In der Zwischenzeit den Backofen auf 210 – 240° C vorheizen. Wenn das Geflügel von allen Seiten eine schöne Farbe angenommen hat, das Bouquet garni dazugeben und den Schmortopf in den Ofen schieben. Junge Perlhühner müssen 40 Minuten, größere Vögel 50 Minuten gebraten werden. Das Geflügel gelegentlich mit dem Bratensaft begießen.

15 Minuten vor Ende der Bratzeit die Gemüsebeilage Ihrer Wahl zugeben und die Temperatur auf 180° C herunterschalten. Heiß servieren.

Blanquette de veau à l'aixoise

Kalbsragout nach Art von Aix

Für 6 Personen

1 kg Kalbshaxe, 1 Zwiebel, 1 Stange Lauch, 2 Tomaten oder 4 EL Tomaten-Coulis, 2 Knoblauchzehen, 1 TL Mehl, 3 EL Olivenöl, 1 Zweig Bohnenkraut, 1/2 Zweig Rosmarin, 1 Zweig Fenchelgrün, 1 Bouquet garni, 0,2 l trockener Weißwein, 1 Zweig Basilikum, 2 EL bittere Oliven, 500 g zarter Stangensellerie, Salz, Pfeffer

Das Fleisch in 3 cm große Würfel schneiden, die Zwiebel schälen und in dünne Scheiben schneiden. Den Lauch putzen, gründlich abspülen und in dünne Streifen schneiden. Den geschälten Knoblauch zerdrücken, die Tomaten vierteln und vorsichtig die Kerne herausdrücken.

Das Öl in einen Schmortopf geben und bei mittlerer Temperatur heiß werden lassen. Die Kalbfleischwürfel hineingeben und von allen Seiten anbräunen. Zwiebel und Lauch unterrühren und 5 Minuten schmoren lassen. Mit Mehl bestäuben, gut umrühren und das Mehl einige Minuten anschwitzen lassen. Zerdrückten Knoblauch, Tomatenviertel oder Tomaten-Coulis, Bouquet garni und die Kräuter in den Topf geben, mit Salz und Pfeffer würzen. Den Weißwein und 0,2 l Wasser zugießen, aufkochen lassen und das Ganze zugedeckt bei niedriger Temperatur 45 Minuten schmoren lassen.

Dann die Oliven zugeben und den Topf wieder mit dem Deckel verschließen. Den Sellerie gründlich abspülen, schälen und ebenfalls in den Topf geben. Nach weiteren 20 Minuten Garzeit das Bouquet garni und die Kräuterzweige herausnehmen und das Kalbsragout im Schmortopf auftragen.

Fassum

GEFÜLLTER KOHLKOPF

Für 6 Personen

1 Kopf Wirsingkohl

Für die Füllung: 150 g Schweineleber, 200 g Pökelfleisch, 1 rote Zwiebel, 1 große Knoblauchzehe, 1 Stück altbackenes Weißbrot ohne Rinde, von der Größe einer Orange, 1 Bund glatte Petersilie, 75 g Rosinen, 1 TL Olivenöl, feines Salz und Pfeffer aus der Mühle

Zum Kochen: 1 Mohrrübe, 1 Stange Lauch, 1 Stange Sellerie, 1 Knoblauchzehe, 1 Bouquet garni, bestehend aus Thymianzweig, Lorbeerblatt, Petersilienstengel, grünem Teil vom Lauch und 1 Zweig Rosmarin, 3 – 4 Wacholderbeeren, grobes Meersalz und einige Pfefferkörner

Die harten äußeren Blätter vom Wirsingkohl entfernen. Den Kohlkopf gut waschen und in mit Essig angesäuertem Wasser ziehen lassen. Anschließend 10 Minuten in kochendem Salzwasser blanchieren. Den Kohlkopf aus dem Topf nehmen, unter fließendem kaltem Wasser abschrecken und gut abtropfen lassen.

In der Zwischenzeit die Füllung vorbereiten. Die Petersilienblätter abzupfen und feinhacken, die Stengel für das Bouquet garni beiseite legen. Die Rosinen einweichen und abtropfen lassen. Den Knoblauch schälen und feinhacken, ebenso die Zwiebel. Die Zutaten zusammen mit wenig Salz (das Pökelfleisch gibt Salz ab!) und frisch gemahlenem schwarzem Pfeffer in eine Schüssel geben. Die Leber durch den Fleischwolf drehen. Das Pökelfleisch gut abspülen und trockentupfen, die Schwarte abschneiden (sie kommt in die Kochbrühe) und das Fleisch in kleine Würfel schneiden. Das Fleisch und danach das altbackene Brot ebenfalls durch den Fleischwolf drehen; das Brot löst die Fleischreste aus dem Fleischwolf. Diese Zutaten ebenfalls in die Schüssel geben und alles gut miteinander vermengen. Den Fleischteig etwas ruhen lassen. Vom Kohlkopf die Blätter auseinanderdrücken, um an das Herz heranzukommen und es herauszulösen. Es sollte die Größe einer Grapefruit haben. Das Kohlherz kleinschneiden, zusammen mit dem Öl ebenfalls in die Schüssel geben und gründlich in den Fleischteig einarbeiten. Die Füllung mit Salz und Pfeffer abschmecken.

Den Kohl auf ein trockenes Küchentuch legen, auf dem man ein feines Leinentuch oder ein Küchennetz ausgebreitet hat. Die Blätter des Kohlkopfes auseinanderdrücken, etwas Fleischteig zwischen die Blätter drücken, die restliche Füllung in die Mitte des Kohls geben. Den Kohlkopf wieder in Form bringen und in das Leinentuch oder Küchennetz binden.

In einen Kochtopf, in den der Kohlkopf gerade hineinpaßt, Schwarte, Knoblauch, die geputzten, gewaschenen und geschälten Gemüse, das Bouquet garni, Wacholderbeeren, Salz und Pfeffer geben.

Den gefüllten Kohlkopf daraufsetzen und mit kochendem Wasser oder einer leichten Kalbsbrühe bedecken. Zugedeckt bei mittlerer Temperatur aufkochen lassen, die Hitze reduzieren und sorgfältig den aufsteigenden Schaum abschöpfen, damit die Flüssigkeit klar bleibt. Das Ganze 2 Stunden sanft köcheln lassen.

Den Kohlkopf aus dem Topf nehmen, aus dem Netz oder Leinentuch lösen und in dicke Scheiben schneiden. Mit einer Vinaigrette oder einer grünen Sauce beträufeln und auftragen. Kalt kann man ihn als Vorspeise mit einer Aïoli (siehe Rezept Seite 181) servieren.

Wenn man aus der Kochflüssigkeit die Schwarte und das Bouquet garni entfernt und die Gemüse passiert, erhält man eine kräftige Suppe. Sie schmeckt besonders gut, wenn man – wie Madame Brémont – Fadennudeln hineingibt.

Seiten 150/151: Die Küche im Jas de Bouffan. Auf dem Herd: Perlhuhn mit Pilzfüllung. Im Backofen: Überbackener Mangold. (Rezepte Seite 148 und 166)

Canard aux olives et aux carottes

Ente mit Oliven und Mohrrüben

Für 6 Personen

1 Ente von etwa 2 kg, 6 Mohrrüben, 1 Bund Frühlingszwiebeln, 2 Knoblauchzehen, 100 g Landschinken, 0,1 l Banyuls oder *vin cuit (siehe Seiten 171/172)*, 1/4 l Hühnerbrühe, 1 EL Olivenöl, 1 kleines Schnapsglas Cognac, 150 g entsteinte schwarze Oliven, Salz, Pfeffer aus der Mühle

Die Ente in Stücke zerteilen. Eventuell überschüssiges Fett entfernen und im Schmortopf auslassen. In diesem Fall kann man auf Olivenöl verzichten.

Den Schinken in Streifen schneiden (ersatzweise kann man auch mageren Speck verwenden). Die Zwiebeln putzen, jedoch nicht zerteilen, auch etwas Grün daran lassen. Die Mohrrüben schälen und in Stücke schneiden.

Die Entenstücke im ausgelassenen Entenfett von allen Seiten anbraten. Farbe annehmen lassen und aus dem Schmortopf nehmen. Die Mohrrüben hineingeben, 5 Minuten schmoren lassen, dann die Zwiebeln zugeben. Wenn die Gemüse Farbe angenommen haben, mit einem Schaumlöffel aus dem Topf nehmen. Das Fett in eine Schüssel abgießen (man kann damit ein Omelette oder Auberginen braten). Den Topf bei niedriger Temperatur wieder auf den Herd stellen, Entenstücke, Speck- oder Schinkenstreifen, Zwiebeln, Mohrrüben sowie den geschälten, unzerteilten Knoblauch hineingeben und heiß werden lassen. Banyuls und Brühe zugießen und aufkochen lassen.

Den Backofen auf 180° C vorheizen. Den Cognac erhitzen. Die Entenstücke so plazieren, daß sie auf den Gemüsen liegen, mit dem heißen Cognac begießen und flambieren. Wenn die Flammen erloschen sind, nach Geschmack würzen. Dabei beachten, daß Oliven und Schinken Salz abgeben.

Den Schmortopf fest verschließen und für 1 1/2 Stunden in den Ofen schieben. Gelegentlich überprüfen, ob noch genügend Flüssigkeit im Topf ist. Falls nötig, etwas heiße Brühe zugießen. Der Topf läßt sich hermetisch mit einem Streifen Stoff, den man vorher in einer Mehl-Wasser-Mischung getränkt hat, abdichten.

10 Minuten vor Ende der Garzeit die entsteinten Oliven zugeben, die Temperatur auf 150° C reduzieren und zugedeckt weitere 10 bis 15 Minuten schmoren lassen. Den Herd ausschalten, die Ente 10 Minuten ruhen lassen und im Schmortopf oder auf einer vorgewärmten tiefen Platte auftragen.

Madame Brémond verwendete für die Zubereitung dieses Gerichts je nach Saison Frühlings- oder Gemüsezwiebeln.

Gigot d'agneau à l'ail et aux petits oignons

Lammkeule mit Knoblauch und kleinen Zwiebeln

Für 6 Personen

1 Lammkeule von etwa 2 kg, 1 1/2 kg Frühlingszwiebeln mit Grün, 3 Knoblauchzehen, 2 Tomaten, 2 EL Olivenöl, 0,5 l Hühnerbrühe, 0,2 l provenzalischer Weißwein, 1 frisches Lorbeerblatt, Salz, Pfeffer aus der Mühle, 1 Prise Zucker

Das Lorbeerblatt in kleine Stücke schneiden. Den Knoblauch schälen, zwei Zehen beiseite stellen, die dritte Zehe mit einer Prise grobem Salz im Mörser zu einer Paste zerstoßen. Von der Lammkeule das Fett entfernen und die Keule mit der Knoblauchpaste einreiben.

Den Backofen auf 270° C vorheizen. Eine geräumige Kasserolle, in der die Lammkeule und die Gemüse genügend Platz haben, bereitstellen.

Die Lammkeule in die Kasserolle legen, mit einem Eßlöffel Olivenöl begießen, mit dem zerkleinerten Lorbeerblatt bestreuen und für 20 Minuten in den Ofen schieben.

Die Zwiebeln schälen, das Grün jedoch nicht entfernen. Die ungeschälten Tomaten vierteln und die Kerne vorsichtig herausdrücken. Den Weißwein warm werden lassen; er sollte jedoch nicht kochen.

Die Keule aus dem Ofen nehmen und auf eine Platte legen. Die Frühlingszwiebeln in der Kasserolle verteilen, mit der Hälfte des restlichen Olivenöls begießen und mit Zucker bestäuben. Das Weiße der Zwiebeln in etwa 5 Minuten im Ofen goldgelb werden lassen. Die Kasserolle aus dem Ofen nehmen, die Zwiebeln zur Seite schieben und die Lammkeule in die Mitte setzen. Wieder in den Backofen schieben und die Lammkeule bei 240° C 15 Minuten braten. Die Keule dabei zwei- bis dreimal mit dem Bratensaft begießen.

Jetzt sollten die Zwiebeln weich sein. Tomatenviertel und zwei ganze Knoblauchzehen zugeben und das Ganze mit dem Weißwein begießen. Die Lammkeule wenden und die Kasserolle wieder in den Ofen geben. Die Hühnerbrühe erhitzen und nach 10 Minuten etwas davon in die Kasserolle gießen. Die Kasserolle etwas neigen und die Lammkeule mit dem Saft begießen. Nach dem Zugeben der Hühnerbrühe die Keule regelmäßig wenden und immer wieder begießen, damit sie eine schöne Glasur bekommt. Falls die Lammkeule zu schnell braun wird, mit einem Stück Alufolie bedecken. Die Keule so lange mit der restlichen Brühe befeuchten, bis der Bratensaft eine sirupartige Konsistenz hat. Nach 15 Minuten das Fleisch mit Pfeffer würzen. Die Lammkeule sollte nach dem Zugeben der Hühnerbrühe insgesamt noch etwa 40 Minuten im Ofen braten.

Den Backofen ausschalten. Die Lammkeule mindestens 10 Minuten ruhen lassen, bevor man sie aufschneidet. Das Fleisch zum Servieren auf einer vorgewärmten Platte anrichten, mit den Zwiebeln umlegen und mit der Sauce beträufeln.

Madame Brémond pflegte eine Lammkeule mit schönem weißem Fett und hellrosa Fleisch auszuwählen. Die Sauce wurde selbstverständlich am Ende der Garzeit gut entfettet, da Cézanne Diät halten mußte. Er konnte es jedoch nicht lassen, mit dem abgeschöpften Bratenfett, das durch die Gemüse angenehm aromatisiert war, überbackene Kartoffeln, Makkaroni oder ein Schwarzwurzel-Gratin »nachzuwürzen«.

Links: Lammkeule mit Knoblauch und kleinen Zwiebeln, Sardellensauce und Geröstetes Brot mit Sardellensauce (Rezepte Seiten 141, 155 und 182)

Nougat de bœuf

PROVENZALISCHER RINDFLEISCH-SCHMORTOPF

Für 6 Personen

1 kg Rindfleisch aus der Oberschale, 1 kg Rindfleisch aus dem Bug, 600 g Bauchlappen oder Halsgrat vom Rind, 1 Ochsenschwanz, 1 Kalbsfuß, 200 g Speck, 1 Schweineschwarte von der Größe des Schmortopfes, 1 Flasche vollmundiger Rotwein, 3 EL guter Cognac, 1 Glas Rotweinessig, 4 Zwiebeln, mit 2 Gewürznelken gespickt, 2 Mohrrüben, 3 Stangen Lauch, 1 EL Tomaten-Coulis, ersatzweise 2 große, reife Tomaten, 0,1 l Olivenöl, 1 Bouquet garni, 5 Knoblauchzehen, getrocknete Schale von 1 Orange, 2 EL Kapern, 3 Sardellenfilets, 1 EL Pfefferkörner, Salz

Für die Zubereitung dieses Gerichts braucht man unterschiedliche Fleischstücke vom Rind. Ihr Metzger sollte Ihnen eine Mischung zusammenstellen, die sowohl fettes wie mageres, zartes wie muskulöses Fleisch enthält. Durch die verschiedenen Sorten Fleisch bekommt der Schmortopf, sonst als *Daube* bekannt, ein besonderes Aroma und eine Konsistenz, die *Nougat de bœuf* genannt wird – was alles über die Qualität des Fleisches sagt.

Den Kalbsfuß spalten, den Ochsenschwanz an den Gelenken in sechs Stücke schneiden. Das Fleisch in Stücke von 80 bis 100 Gramm schneiden, den Speck würfeln.

Für die Zubereitung dieses Gerichts sollten Sie den größtmöglichen Schmortopf nehmen und dessen Boden mit der Schweineschwarte – Fettseite nach unten – auslegen. Die überstehenden Ecken abschneiden und ebenfalls auf dem Topfboden auslegen. Die Schwarte bewirkt, daß das Fleisch nicht ansetzt; überdies gibt sie der Sauce Bindung und macht sie sämiger.

Die Gemüse putzen und schälen, in Stücke schneiden und mit den Zwiebeln und dem Knoblauch, den man mit der Messerklinge leicht andrückt, aber nicht schält, dem Tomaten-Coulis, einem Eßlöffel Kapern und den Pfefferkörnern in einem Teller vermischen.

Auf die Schweineschwarte etwas von der Gemüsemischung geben, darüber eine Lage Fleisch verteilen und das Bouquet zufügen. Die Zutaten abwechselnd aufeinanderschichten, mit einer Lage Gemüse abschließen. Mit Wein und Cognac, Essig und Öl begießen und das Fleisch zugedeckt über Nacht im Kühlschrank marinieren.

Am nächsten Tag den Schmortopf zugedeckt auf mittleres Feuer stellen, den Fleischtopf aufkochen lassen und die Hitze sogleich reduzieren. Den Rindfleischtopf gut zugedeckt 4 Stunden lang ohne umzurühren leise köcheln lassen.

Danach püfen, ob genügend Sauce für die *Macaronade* im Topf ist, die mit der *Daube* zusammen serviert wird. Falls etwas Flüssigkeit zugegeben werden muß, sollten Sie keinen Wein, sondern salzarme, heiße Brühe verwenden.

20 Minuten vor Ende der Garzeit die Sardellenfilets mit etwas Kochflüssigkeit im Mörser oder im Mixer zu einer Paste verarbeiten und zum Fleisch geben. Das Gericht vor dem Servieren mit dem restlichen Eßlöffel Kapern bestreuen und mit der *Macaronade* (siehe Rezept Seite 168) auftragen.

Épaule d'agneau farcie

GEFÜLLTE LAMMSCHULTER

Für 6 Personen

1 Lammschulter, 1 Bouquet garni, bestehend aus Bohnenkraut, Thymian, Rosmarin, 0,2 l trockener Weißwein, Salz, zerstoßener Pfeffer

Für die Füllung:

1 Scheibe roher Schinken, 150 g mageres Schweinehack, 1 Scheibe altbackenes Weißbrot ohne Rinde, 1 Gemüsezwiebel, 1 Knoblauchzehe, 4 Stengel glatte Petersilie, 1 Ei, 5 Wacholderbeeren, 8 Pfefferkörner, 100 g grüne Oliven , 3 Mangoldblätter, 0,1 l trockener Weißwein, 3 EL Olivenöl, Salz, 1 unbehandelte Zitrone

Bitten Sie Ihren Metzger, die Lammschulter zu entbeinen und Ihnen den Knochen mitzugeben.

Die Füllung folgendermaßen vorbereiten: Die Zwiebel schälen und feinhacken und in einem Eßlöffel Olivenöl glasig, aber nicht braun werden lassen. Die geschälte und gehackte Knoblauchzehe zugeben. Mangoldblätter waschen, trockentupfen und in Streifen schneiden. Nach einer Minute zu der Zwiebel und dem Knoblauch geben. Umrühren und den Herd abschalten. Das Ganze zugedeckt auf Zimmertemperatur abkühlen lassen.

Petersilie feinhacken und in eine Schüssel geben. Ei und nur ein wenig Salz (denn Oliven und Schinken geben Salz ab) zugeben und alles miteinander verquirlen. Den Schinken in winzige Würfel schneiden. Das Brot in Wein einweichen und, ohne auszudrücken, mit den Schinkenwürfeln, dem Schweinehack, Pfeffer und Wacholderbeeren in die Schüssel zum Ei geben.

Das Ganze gut miteinander vermengen. Abgekühlte Knoblauch-Zwiebel-Mangold-Mischung ebenfalls unterrühren. Die Zitrone waschen und etwas von der Schale über die Füllung reiben. Noch einmal alles gründlich miteinander vermischen.

Die Oliven entkernen und beiseite stellen. Den Backofen auf 210° C vorheizen. Die Lammschulter auf einer Arbeitsplatte so aufklappen, daß die Innenseite nach oben zeigt. Die Füllung auf dem Fleisch verstreichen und die Oliven darüber verteilen. Die Lammschulter zu einem Braten rollen und mit Küchengarn in Form binden.

Eine ausreichend bemessene Kasserolle mit Öl ausstreichen und die Lammschulter hineinlegen. Das Fleisch mit Öl einreiben, mit Salz und Pfeffer würzen und mit den Kräutern bestreuen. Anschließend mit Zitronensaft beträufeln. Die Knochen ebenfalls in den Bräter legen, sie geben der Sauce einen kräftigen Geschmack.

Den Lammbraten 10 Minuten in den heißen Ofen schieben. Danach das Fleisch wenden und mit dem Weißwein begießen. Die Lammschulter häufig begießen und während einer Garzeit von etwa 1 1/2 bis 1 3/4 Stunden (wenn man das Fleisch gut durchgebraten mag) zweimal wenden. Den Backofen ausschalten. Das Fleisch 15 Minuten ruhen lassen, die Ofentür dabei einen Spaltbreit öffnen. Der Braten läßt sich so besser aufschneiden.

Kalte Bratenreste in Scheiben schneiden, auf einer Platte anrichten und mit Löwenzahn-Salat servieren.

Adobo de jarret de porc

Geschmorte Schweinehaxe

Für 6 Personen

1 Schweinehaxe, 1 schöne Mohrrübe, 1 Bouquet garni, 1 Knoblauchzehe, 1 Zwiebel, mit einer Gewürznelke gespickt, 1 Stück Schweineschwarte, 1 EL Olivenöl, 2 EL Tomaten-Coulis (siehe Rezept Seite 180), 0,2 l Hühnerbrühe (siehe Rezept Seite 184), Salz , Pfeffer

Für die Marinade:

1 Mohrrübe, 1 Flasche Weißwein, vorzugsweise Côtes-de-Provence, 1 Zweig Salbei, 1 TL Olivenöl, Pfefferkörner, 1 Knoblauchzehe, das Grüne von 2 Stangen Lauch

Als Beilage:

1 kg enthülste Saubohnen, das Weiße von 2 Stangen Lauch

Die Marinade wird folgendermaßen zubereitet: Den Knoblauch schälen und feinhacken. Die Mohrrübe in kleine Würfel schneiden. Das Lauchgrün gründlich abspülen und mit dem Salbei und dem Bouquet garni zusammenbinden. Zusammen mit den Pfefferkörnern, dem Wein und dem Olivenöl in eine große Schüssel geben. Nicht salzen. Die Schweinehaxe in die Schüssel legen; sie sollte vollständig mit Flüssigkeit bedeckt sein. Eventuell etwas Geflügelbrühe zugießen. Die Schüssel mit Klarsichtfolie bedecken und über Nacht kühl stellen.

Das Fleisch herausnehmen und auf einem Sieb abtropfen lassen. Mohrrübe und Zwiebel schälen, aber nicht zerteilen. Den Knoblauch schälen und in dünne Scheiben schneiden. Das Fleisch trockentupfen und mit den Knoblauchscheiben spicken.

Das Olivenöl in einem schweren Schmortopf mit fest verschließbarem Deckel heiß werden lassen. Die Schweinehaxe bei hoher Temperatur von allen Seiten kräftig anbraten.

Den Backofen auf 210° C vorheizen.

Sobald das Fleisch Farbe anzunehmen beginnt, die mit einer Gewürznelke gespickte Zwiebel hineingeben und schön braun werden lassen – das gibt einen besonders guten Geschmack. Danach mit der Marinade aufgießen. Aufkochen lassen, die Hitze reduzieren und Tomaten-Coulis und Schweineschwarte zugeben. Die Haxe zugedeckt 2 Stunden schmoren lassen. Die Temperatur auf 150° C herunterschalten, den Braten wenden und zugedeckt weitere 30 Minuten im Ofen garen.

Das Weiße vom Lauch gründlich waschen, in Scheiben schneiden und zur Schweinehaxe geben. 10 Minuten später die Saubohnen zugeben. Das Ganze zugedeckt weitere 8 bis 10 Minuten garen lassen.

Das Bouquet garni und die Gewürznelke, sofern Sie diese finden, entfernen. (Die Zwiebel ist vermutlich völlig zerfallen.) Falls sich kein Liebhaber für die Schweineschwarte findet, auch diese entfernen. Die Gemüse aus dem Topf nehmen und auf eine vorgewärmte tiefe Platte geben. Die Schweinehaxe vom Knochen lösen, in Stücke schneiden, auf den Gemüsen anrichten und mit der Sauce überziehen.

Falls Sie das Fleisch lieber in Scheiben aufgeschnitten servieren, sollten Sie die Schweinehaxe von Ihrem Metzger entbeinen und wie einen Braten binden lassen. Den Knochen mit in den Schmortopf geben, denn er gibt eine kräftige Sauce.

Lapin en paquets

Kaninchen im Schweinenetz

Für 6 Personen

1 großes Kaninchen, vorzugsweise 1 Wildkaninchen, 2 Schweinenetze, 1 Sträußchen Thymian, 1 Zweig Rosmarin, 1 Zweig Bohnenkraut, 1/2 TL geriebene Muskatnuß, 2 Knoblauchzehen, 0,2 l Olivenöl, 5 mittelgroße Tomaten, Salz, Pfeffer aus der Mühle

Das Kaninchen in sechs Stücke zerteilen: in zwei Keulen,

zwei Vorderläufe mit dem Fleisch über den Rippen sowie den Rücken, der entlang der Wirbelsäule zweigeteilt wird. Aus dem Rest des Kaninchens einen Fond zubereiten.

Die Kräuter von den Stengeln zupfen, die Stengel für den Fond aufheben.

Die Schweinenetze gründlich abspülen. Falls sie in einer Lake gelegen haben, etwa 20 Minuten in lauwarmem Wasser ziehen lassen. Schweinenetze trockentupfen und in sechs Stücke zerteilen, die groß genug sind, um je ein Kaninchenstück darin einzuwickeln.

Den geschälten Knoblauch mit dem Salz zerstoßen und mit frisch gemahlenem Pfeffer und geriebener Muskatnuß vermengen. Mit den frischen Kräutern verrühren. Diese Mischung in einen tiefen Teller geben, in einen anderen die Hälfte des Olivenöls gießen.

Die sechs Kaninchenstücke auf einer Arbeitsplatte auslegen. Die Fleischstücke nacheinander zuerst in Olivenöl, anschließend in der Gewürz-Kräuter-Knoblauch-Mischung wenden. Jeweils in ein Stück Schweinenetz wickeln, dabei die vier Enden des Netzes übereinanderschlagen.

Auf diese Art und Weise vorbereitet, werden die *paquetoùn de couniéu* (die provenzalische Übersetzung für *paquets de conil; conil* ist der alte französische Name für Kaninchen) bis zur weiteren Verwendung kühl gestellt, damit das Fleisch die Aromen der Kräuter und Gewürze aufnehmen kann.

Die Tomaten waschen und den Stielansatz entfernen, aber nicht schälen. Tomaten in Scheiben schneiden und die Kerne vorsichtig herausdrücken. Das restliche Olivenöl in einer Pfanne erhitzen und die Tomatenscheiben darin auf jeder Seite 2 Minuten braten. Mit Salz und Pfeffer würzen und vorsichtig mit einem Spatel wenden. Die Tomatenscheiben mit dem Spatel aus der Pfanne nehmen, abtropfen lassen und dicht nebeneinander in einer feuerfesten Form auslegen.

In der Zwischenzeit den Backofen auf 210° C vorheizen. Die Kaninchen-Päckchen auf die Tomatenscheiben setzen, mit der Flüssigkeit aus der Pfanne oder mit etwas Fond beträufeln, den man aus den restlichen Kaninchenknochen, einem Bouquet garni sowie etwas Wasser bereitet und siruparig einkochen läßt.

Die Form 40 Minuten in den heißen Backofen schieben, dabei die Kaninchenstücke häufig mit der Garflüssigkeit begießen. Die Fleischstücke nach 20 Minuten wenden, die Temperatur auf 180° C herunterschalten und die Form mit Alufolie bedecken. So bleibt das Fleisch schön saftig. Fünf Minuten vor Ende der Garzeit die Alufolie entfernen und die Kaninchen-Päckchen leicht bräunen lassen.

Gemüse- und Nudelgerichte

Bouille d'épinards et de limaçons

Schneckenragout mit Spinat

Für 6 Personen

6 Dutzend Schnecken, ersatzweise tiefgefroren oder aus der Dose, 2 kg zarter, großblättriger Spinat, 2 mittelgroße Zwiebeln, 2 Knoblauchzehen, 3 EL Tomaten-Coulis (siehe Rezept Seite 180), 1 Bouquet garni, bestehend aus Fenchelgrün, Petersilienstengeln und 1 Zweig Bohnenkraut, 100 g frischer Bauchspeck, 1 fingerlanges Stück getrocknete Orangenschale, 0,1 l Olivenöl, 0,2 l trockener provenzalischer Weißwein, Salz, Pfeffer aus der Mühle

Zum Kochen der Schnecken:

leichte Rinder- oder Hühnerbrühe (siehe Rezept Seite 184) oder Salzwasser

In Frankreich verwendet man vorzugsweise lebende Schnecken. Man läßt sie dort 2 bis 3 Tage nach dem Einkauf fasten und setzt sie dann für 3 bis 4 Tage auf eine »Kurdiät«, die aus mit Bohnenkraut oder Thymian aromatisiertem Mehl besteht. Danach werden sie unter lauwarmem Wasser abgespült und 10 Minuten in Salzwasser oder einer leichten Brühe blanchiert. Die Schnecken gut abtropfen lassen, bevor man sie zu den anderen Zutaten in den Schmortopf gibt. Damit die Schnecken zart bleiben, ist es wichtig, daß sie zwischen dem Blanchieren und der weiteren Zubereitung nicht abkühlen. Deshalb sollte man vor dem Blanchieren alle für dieses Gericht benötigten Zutaten bereits vorbereitet haben.

Zwiebeln und Knoblauch schälen und feinhacken. Den Speck in dünne Streifen schneiden. Die Hälfte des Öls in den Schmortopf gießen und bei mittlerer Temperatur heiß werden lassen. Die Speckstreifen hineingeben und braun werden lassen. Die Zwiebeln zugeben, goldgelb werden lassen, dann Knoblauch und Tomaten-Coulis unterrühren. Einige Minuten schmoren lassen.

Den Spinat putzen, gründlich waschen und gut abtropfen lassen. Ebenfalls in den Topf geben und zusammenfallen lassen. Die Schnecken, das Bouquet garni und die Orangenschale über dem Spinat verteilen und mit Salz und Pfeffer würzen. Mit Weißwein und dem restlichen Olivenöl begießen und zugedeckt bei niedrigster Temperatur 35 bis 40 Minuten köcheln lassen. Falls die Flüssigkeit zu schnell verdampft, etwas Brühe zugeben.

Kurz vor Ende der Garzeit große Scheiben Landbrot rösten und zusammen mit dem Schneckenragout auftragen. Zahnstocher oder kurze Spießchen bereitstellen, mit denen man die Schnecken aus ihren Häusern herausziehen kann.

Artichauts en barigoule

Gefüllte Artischocken

Für 6 Personen

12 oder 18 kleine Artischocken, in der Provence *mourre de cat* genannt , 3 große Zwiebeln, 1 schöne Mohrrübe, 150 g geräucherter Bauchspeck, 2 Knoblauchzehen, 1 kleines Bund glatte Petersilie, 1/2 TL Bohnenkraut, 1 taubeneigroßes Stück altbackenes Weißbrot ohne Rinde, 0,2 l Weißwein, 0,1 l Olivenöl, Salz und Pfeffer aus der Mühle, Zitronensaft oder Essig

Von den kleinen Artischocken die äußeren Blätter entfernen, die Stiele daranlassen und schälen, den unteren Teil wegschneiden. Die harten, dornigen Spitzen der Blätter wegschneiden. Die geputzten Artischocken sofort in eine Schüssel mit kaltem Wasser geben, das man großzügig mit Zitronensaft oder Essig säuert, damit sie sich nicht verfärben.

Den Speck in feine Streifen schneiden, Knoblauch und Zwiebeln schälen und feinhacken. Die geschälte und in kleine Würfel geschnittene Mohrrübe und eine feingehackte Zwiebel beiseite stellen. Die Petersilienblätter von den Stengeln zupfen und feinhacken, die Stengel für das Bouquet garni aufbewahren. Die gehackte Petersilie in eine Schüssel geben. Bohnenkraut, das zerpflückte altbackene Brot, Knoblauch und zwei gehackte Zwiebeln, Salz und Pfeffer zugeben. Mit etwas Weißwein und Öl befeuchten, alles gründlich miteinander vermengen und beiseite stellen.

Einen schweren gußeisernen Schmortopf bei hoher Temperatur heiß werden lassen, etwas Olivenöl hineingeben und die Speckstreifen darin auslassen. Sobald die Speckstreifen zu bräunen beginnen, die in Würfel geschnittene Mohrrübe und die restliche feingehackte Zwiebel zugeben. Umrühren und das Ganze leicht anbräunen lassen.

Die Artischocken aus dem angesäuerten Wasser nehmen, abtropfen lassen und trockentupfen. Jede Artischocke mit einem ordentlichen Löffel Farce füllen. Die Artischocken in den Schmortopf setzen, mit Öl begießen und mit reichlich Pfeffer bestreuen. Mit dem restlichen Weißwein und ebensoviel Wasser oder Hühnerbrühe (siehe Rezept Seite 184) aufgießen und den Topf zu drei Vierteln füllen. Aufkochen lassen, die Temperatur herunterschalten und die Artischocken 70 Minuten garen lassen. Falls zuviel Flüssigkeit verdampft, mit etwas Brühe oder Wasser sowie Weißwein aufgießen. Die Artischocken müssen stets von Flüssigkeit bedeckt sein.

Die Artischocken im Schmortopf auftragen.

Boumiano (Bohémienne)

Provenzalisches Gemüse

Für 6 Personen

1 kg Auberginen, 1 kg Tomaten, 1 Zwiebel, 3 Knoblauchzehen, 4 EL Olivenöl, 2 in Salz eingelegte Sardellen, 1 EL Milch, 1 TL Mehl, schwarzer Pfeffer aus der Mühle, 1 gehäufter EL Semmelbrösel, Salz

Die Auberginen waschen und ungeschält in dicke, runde Scheiben schneiden. Die Scheiben vierteln. Die Auberginenstücke mit Salz bestreuen und in einem Sieb ziehen und abtropfen lassen.

In der Zwischenzeit Zwiebel und Knoblauch schälen und feinhacken. Die Tomaten in heißem Wasser blanchieren und die Haut abziehen. Die Früchte in Viertel schneiden, vorsichtig die Kerne herausdrücken und das Fleisch feinhacken. In einem Sieb abtropfen lassen.

In einem großen Schmortopf oder in einer Pfanne bei mittlerer Temperatur einen Eßlöffel Olivenöl heiß werden lassen. Die feingehackte Zwiebel hineingeben und unter Rühren mit einem Holzlöffel goldgelb werden lassen. Den Knoblauch zugeben, die Hitze reduzieren und bei niedrigster Temperatur 1 Minute braten.

Die Auberginenstücke trockentupfen und zu der

Zwiebel und dem Knoblauch geben. Den Herd hochschalten und die Auberginen unter gelegentlichem Rühren in 7 bis 8 Minuten weich werden lassen. 2 Eßlöffel Olivenöl zugeben und heiß werden lassen. Die feingehackten, abgetropften Tomaten ohne ihren Saft ebenfalls in den Topf geben. Alles gut miteinander vermischen. Die Tomaten ohne Deckel bei niedriger Temperatur in etwa 15 Minuten gar werden lassen, dabei gelegentlich umrühren. Mit Pfeffer abschmecken.

In der Zwischenzeit die in Salz eingelegten Sardellen unter fließendem kaltem Wasser abspülen und von ihren Gräten befreien. Die vier Sardellenfilets in der Milch ziehen lassen.

In einer kleinen Kasserolle den restlichen Eßlöffel Öl bei niedriger Temperatur heiß werden lassen. Das Mehl mit einem Holzlöffel unterrühren und anschwitzen lassen. 2 Eßlöffel Wasser und die Milch, in der die Sardellenfilets eingelegt waren, durch ein Sieb dazugeben und das Ganze zu einer glatten Béchamelsauce verrühren. (In der Provence stellt man eine Béchamelsauce häufig auf Ölbasis her.) Die Sauce 5 Minuten köcheln lassen, damit sie den Mehlgeschmack verliert. Die Sardellenfilets feinhacken und unter die Sauce rühren. Die Sauce über das Auberginen-Tomaten-Gemüse gießen und sofort auftragen.

Die provenzalischen Köchinnen bereiten aus der *Bohémienne,* die sie gern zu pochiertem Fisch wie zum Beispiel Stockfisch, zu weißem Fleisch, Geflügel und Eiern servieren, häufig einen *Tian* zu. Dafür die Form *(tian)* mit Knoblauch ausreiben und dünn mit Olivenöl bestreichen. Mit Semmelbröseln, die man mit geriebenem Comté mischen kann, ausstreuen und nochmals mit einigen Tropfen gutem Olivenöl beträufeln. Die *Bohémienne* hineinfüllen, im heißen Ofen 5 bis 7 Minuten gratinieren und den *Tian* sofort in der Form auftragen.

Daube d'haricots rouges

Rote-Bohnen-Eintopf

Für 6 Personen

600 g getrocknete rote Bohnen, 150 g gepökelter Bauchspeck, 1 Schweineschwarte zum Belegen des Topfbodens, 1 große rote Zwiebel, ersatzweise 1 Gemüsezwiebel, mit Gewürznelken gespickt, 1 mittelgroße Stange Lauch, 2 Knoblauchzehen, 1 Tomate oder 2 EL Tomaten-Coulis, 1 Bouquet garni, zusätzlich mit 1 Stange Sellerie und 1 Salbeizweig, 1 Flasche provenzalischer Rotwein, Pfefferkörner

Die Bohnen abspülen und in lauwarmem Wasser einweichen, während man die anderen Gemüse vorbereitet. Den Bauchspeck unter fließendem kaltem Wasser abspülen, trockentupfen und in dünne Streifen schneiden.

Den Lauch putzen und gründlich waschen, den dunkelgrünen Teil ins Bouquet garni binden. Den restlichen Lauch in dünne Streifen schneiden. Die Knoblauchzehen schälen, jedoch nicht zerkleinern. Die Tomate in Viertel zerteilen und vorsichtig die Kerne herausdrücken. Die Zwiebel schälen, vierteln und mit jeweils einer Gewürznelke spicken.

In einem gußeisernen Schmortopf die Speckstreifen bei mittlerer Temperatur auslassen. Von allen Seiten Farbe annehmen lassen, mit einem Schaumlöffel aus dem Topf nehmen. Zwiebel und Lauch hineingeben und im Fett goldgelb werden lassen.

Nach etwa 5 Minuten die Zwiebel und den Lauch aus dem Topf nehmen und den Topfboden mit der Schweineschwarte, Fettschicht nach unten, auslegen.

Das Wasser abgießen und die Bohnen abtropfen lassen. Bohnen sowie alle anderen Zutaten in den Schmortopf geben und den Wein zugießen. Falls die Zutaten nicht vollständig vom Wein bedeckt sind, mit etwas Wasser oder einer leichten Brühe aufgießen.

Den Topf mit einem Deckel, über den man ein sauberes, feuchtes Küchentuch legt, verschließen. Falls der Deckel kein Wasserreservoir besitzt, muß das Tuch von Zeit zu Zeit immer wieder angefeuchtet werden. Es darf auf keinen Fall trocken werden.

Den Herd auf kleinstmögliche Temperatur schalten und den Bohneneintopf 1 3/4 Stunden leise köcheln lassen. Falls nach dieser Zeit noch zuviel Flüssigkeit im Topf ist, den Deckel abnehmen und den Saft einkochen lassen. Vor dem Servieren noch einmal abschmecken.

Dies war eines der Lieblingsgerichte von Cézanne, ganz nach seinem Gusto. Seine Köchin tat häufig zusätzlich einen Schinkenknochen hinein, um den Geschmack noch zu verfeinern.

Salade de pommes de terre du Jas

Kartoffelsalat auf bäuerliche Art

Für 6 Personen

500 g kleine festkochende Kartoffeln

Zum Kochen:

1/2 l Gemüsebrühe, 1 unbehandelte Zitrone, 1 TL Koriandersamen, 1 Spritzer Olivenöl, 1 kleine Chilischote, 1 Zweig Thymian, Salz

Für den Salat:

200 g entsteinte schwarze Oliven, 200 g entsteinte grüne Oliven, 3 hartgekochte Eier, 1 Knoblauchzehe, 1/2 TL Thymianblätter, 1/2 Bund glatte Petersilie, 1 Prise Cayennepfeffer, 5 EL Olivenöl, 3 EL guter Weinessig oder Zitronensaft

Eine gute Stunde vor der Mahlzeit die schwarzen und grünen Oliven, die man vorher mit heißem Wasser abgespült hat, zusammen mit dem geschälten und feingehackten Knoblauch, Cayennepfeffer, Thymian, etwas Olivenöl und Essig (oder Zitronensaft) in eine Schüssel geben und gut vermischen. Die Oliven mit Klarsichtfolie bedeckt ziehen lassen.

Die Kartoffeln schälen, olivenförmig zurecht-

schneiden, jedoch nicht zerteilen (die Abfälle kann man für eine Kartoffelsuppe verwenden). Für sechs Personen rechnet man 60 olivengroße Kartoffeln. Die Kartoffeln in kaltes Wasser geben.

Die Brühe in einen Topf gießen, in dem die Kartoffeln ausreichend Platz haben. In ein Stück Mulltuch den Thymianzweig, die feingehackten Petersilienstengel (die Blätter benötigt man zum Schluß), Chilischote, zerdrückte Koriandersamen und die Schale der unbehandelten Zitrone geben und das Tuch fest verschnüren. Einen ordentlichen Schuß Öl zugeben und die Brühe zugedeckt bei mittlerer Temperatur aufkochen lassen.

Die olivengroßen Kartoffeln aus dem Wasser nehmen und in die kochende Brühe geben.

Eventuell noch etwas Salz zugeben und leicht mit Pfeffer würzen. Noch einmal aufkochen lassen, die Hitze reduzieren und die Kartoffeln zugedeckt bei niedriger Temperatur 15 bis 20 Minuten kochen lassen. Mit einem spitzen Messer oder einer Nadel prüfen, ob die Kartoffeln gar sind. Wenn dies der Fall ist, den Herd abschalten.

Die heißen Kartoffeln mitsamt der Kochflüssigkeit in eine hitzebeständige Schüssel geben. Leicht abkühlen lassen. Das Gewürzmullsäckchen entfernen. Zitronensaft oder Weinessig und einen Eßlöffel Öl zugeben. Noch einmal abschmecken und auf Zimmertemperatur abkühlen lassen. Wenn alles abgekühlt ist, die Bouillon abgießen und die Kartoffeln zu den eingelegten Oliven geben. Das restliche Olivenöl mit dem restlichen Weinessig oder Zitronensaft verrühren und ebenfalls zugeben. Alles gut miteinander vermischen und mit gehackter Petersilie und mit den in Scheiben geschnittenen oder geviertelten hartgekochten Eiern dekorieren.

Mit einem gutgekühlten Weißwein servieren und für jeden Gast ein Schüsselchen mit in Öl eingelegten Sardellenfilets auf dem Tisch bereitstellen.

Tian de légumes

Überbackener Mangold

Für 6 Personen

2 Köpfe Mangold, 2 Knoblauchzehen, 3 EL Olivenöl, etwas Mehl zum Kochen, 150 g geriebener Comté, 1 Prise geriebene Muskatnuß, 1/2 Bund glatte Petersilie, 0,2 l Sahne, 2 Eigelbe, 2 EL Semmelbrösel, Salz und Pfeffer

Vom Mangold die dicken weißen Rippen und die Stiele von den grünen Blättern, die man für eine andere Zubereitungsart verwenden kann (*Crespeou*, Mangoldkuchen, Füllung etc.), trennen. Lediglich von drei Mangoldstielen die Blätter verwenden. Die Mangoldstiele schälen, in 3 bis 4 Zentimeter dicke Stücke schneiden und zusammen mit den geschälten Knoblauchzehen in Salzwasser mit etwas Mehl und Öl etwa 15 Minuten kochen lassen. In der Zwischenzeit Käse und Muskatnuß reiben. Die Petersilie und die drei Mangoldblätter feinhacken.

Den Backofen auf 210° C vorheizen. Eine feuerfeste Form *(Tian)* mit Öl bestreichen. Die Eigelbe mit der Sahne verklöppeln (zur Zeit Cézannes verwendeten die Köchinnen statt Sahne die Haut, die sich auf der abgekochten Milch bildete) und leicht würzen.

Den Mangold aus dem Topf nehmen und gut abtropfen lassen. Den Knoblauch ebenfalls herausnehmen und die Form damit ausstreichen. Eine Lage Mangoldstiele in der Form verteilen, Mangoldgrün und gehackte Petersilie vermischen und etwas davon über die Mangoldstiele geben. Darüber eine Lage geriebenen Käse, der mit Muskatnuß vermischt wird, streuen. Die Zutaten abwechselnd aufeinanderschichten, bis sie aufgebraucht sind. Das Ganze mit der Eier-Sahne-Mischung begießen, mit Semmelbröseln bestreuen und zum Schluß mit etwas Olivenöl beträufeln.

Die Form in den vorgeheizten Ofen geben und das Mangoldgemüse überbacken. In der Form auftragen.

Der Tian *erfreut sich überall in der Provence großer Beliebtheit. Hier noch einige andere Zubereitungsarten:*

- Tian *mit Auberginen, Tomatensauce, Basilikum und geriebenem Käse, der nie fehlen darf; oder mit Auberginen, die in Scheiben geschnitten und in der Pfanne gebraten und mit einer mit Eigelb legierten Béchamelsauce zubereitet werden.*
- *Ein weihnachtlicher* Tian *mit Karden, die man wie Mangold kocht, und einer Béchamelsauce.*
- Tian *mit Kürbis, Spinat, Zucchini, Zwiebeln oder Lauch.*

Macaronade au jus d'agneau

MAKKARONI MIT LAMMSAUCE

Für 6 Personen

500 g Makkaroni oder andere dicke Nudeln, 100 g geriebener Käse, 1 EL Olivenöl

Für die Sauce:

1 kg Lammfleisch aus der Keule oder Schulter, 4 Knoblauchzehen, 2 Zwiebeln, 2 EL Olivenöl, 150 g zerdrückte grüne Oliven mit Stein*, 1 Bouquet garni, 1 TL Zimt, 1 Zweig Rosmarin, 0,35 l trockener Weißwein, Mehl, Salz und Pfeffer

Die Zwiebeln hacken, den Knoblauch zerdrücken. Die Rosmarinnadeln hacken. Das Lammfleisch in kleine Würfel von 2 bis 3 Zentimeter Seitenlänge schneiden und leicht mit Mehl bestäuben.

In einem großen Schmortopf das Öl erhitzen, das Lammragout auf einmal hineingeben und bei hoher Temperatur von allen Seiten kräftig anbraten, damit es schön braun wird, ohne durchzugaren. Dabei ständig umrühren. Das Fleisch mit einem Schaumlöffel aus dem Topf nehmen und auf eine Platte geben.

Die gehackten Zwiebeln in den Topf geben, die Temperatur herunterschalten und in 4 bis 5 Minuten unter häufigem Rühren goldgelb werden lassen. Wenn die Zwiebeln zu bräunen beginnen, den Knoblauch zugeben. Das Lammfleisch wieder in den Topf geben und gut umrühren. Bouquet garni, gehackten Rosmarin, Salz und Pfeffer ebenfalls zugeben und mit dem Weißwein begießen.

Das Lammragout zugedeckt bei niedrigster Temperatur 35 Minuten schmoren lassen, dabei gelegentlich umrühren.

Den Deckel abnehmen und prüfen, ob noch genügend Flüssigkeit im Topf ist. Eventuell so viel heißes Wasser zugießen, daß das Fleisch knapp mit Flüssigkeit bedeckt ist. Man kann statt Wasser auch eine Gemüsebrühe oder eine Mischung aus Gemüse- und Hühnerbrühe nehmen. Das Ganze eine weitere Stunde bei niedriger Temperatur schmoren lassen. Noch besser ist es, das Ragout zunächst gut zugedeckt im Backofen bei 180° C zu garen und die Temperatur nach 30 Minuten auf 150° C zu reduzieren.

Gelegentlich umrühren. 15 Minuten vor Ende der Garzeit die Oliven zum Fleisch geben.

Die Makkaroni *al dente* kochen. Den Boden einer glasierten Tonform mit Öl ausstreichen, eine Lage Makkaroni hineingeben und mit etwas geriebenem Käse bestreuen. Die Lammsauce mit einem Löffel aus dem Schmortopf schöpfen und großzügig über Makkaroni und Käse verteilen. Mindestens zwei Lagen Zutaten aufeinanderschichten, dabei mit einer Lage Käse abschließen. Die Tonform in den 240° C bis 270° C heißen Ofen schieben und das Ganze heiß werden lassen und überbacken. Die *Macaronade* in der Form mit einem Salat als Beilage auftragen.

Das erstarrte Fett aus dem kalten Lammragout entfernen und das Ragout aufgewärmt zu einer anderen Mahlzeit servieren.

Ein gute Möglichkeit, eine *Macaronade* zuzubereiten, ergibt sich auch dann, wenn man eine *Nougat de bœuf* (siehe Rezept Seite 156) gekocht und genügend Sauce übrig hat.

Die *Macaronade* wird auch oft von Reis oder Getreideprodukten aller Art begleitet.

**Wenn Sie die zerdrückten Oliven selbst zubereiten wollen, gehen Sie folgendermaßen vor: Von den Oliven (etwa 1 Kilogramm oder entsprechend mehr, für geringere Mengen lohnt sich der Aufwand nicht) nur das Fleisch zerdrücken, den Kern intakt in der Frucht belassen. Die Oliven dann zehn Tage in kaltem Wasser ziehen lassen, damit sie ihre Bitterstoffe verlieren. Das Wasser täglich wechseln. Anschließend kommen die Oliven in eine Gewürzlake aus 1 Liter Wasser, 100 Gramm Salz, einigen Lorbeerblättern, je nach Geschmack, 2 EL Koriandersamen und einer Orangenschale. Die Oliven können nach etwa einer Woche gegessen werden.*

Patano (Pommes de terre aux olives et au lard)

Kartoffeln mit Oliven und gepökeltem Bauchspeck

Für 6 Personen

12 mittelgroße mehligkochende Kartoffeln (zum Beispiel Bintje), 200 g schwarze Oliven, einige bittere Oliven, 200 g leicht gepökelter Bauchspeck, 1 große Zwiebel, 3 Knoblauchzehen, 2 EL Olivenöl, 1 Tomate oder 2 EL Coulis, 1 Lorbeerblatt, 3 Salbeiblätter, 0,1 l Kalbsbrühe (siehe Rezept Seite 184) oder Schweinebrühe, Pfeffer aus der Mühle

Knoblauch und Zwiebel schälen. Den Knoblauch grobhacken, die Zwiebel in Scheiben schneiden.

Den Bauchspeck abspülen und trockentupfen. Mitsamt der Schwarte, die dem Gericht Aroma und Bindung verleiht, in Stifte schneiden.

Einen Eßlöffel Olivenöl in einen gußeisernen Schmortopf geben und bei mittlerer Temperatur heiß werden lassen. Die Speckstifte hineingeben und unter Rühren in etwa 5 Minuten von allen Seiten anbräunen.

Die Kartoffeln schälen (für dieses Gericht sollte man keine neuen Kartoffeln verwenden), waschen, trockentupfen und in große Stücke schneiden.

Die Speckstifte mit einem Schaumlöffel aus dem Topf nehmen und in einen tiefen Teller geben. Die Zwiebel in den Schmortopf geben und goldgelb werden lassen. Mit einem Schaumlöffel herausnehmen und zum Speck geben. Die Kartoffeln hineingeben und unter häufigem Rühren mit einem Holzlöffel braten. Dabei die Temperatur hochschalten, damit die Kartoffelstücke auf allen Seiten schön braun werden. Den Topf gelegentlich rütteln. Speck und Zwiebel zu den Kartoffeln geben, ebenso Knoblauch, Oliven und Lorbeerblatt, Tomaten-Coulis oder ungeschälte Tomate, in Viertel geschnitten und die Kerne vorsichtig herausgedrückt, über dem Topfinhalt verteilen, jedoch nicht unterrühren.

Nach 5 Minuten alles miteinander vermengen, großzügig mit Pfeffer würzen, jedoch nicht salzen, weil Oliven und Speck noch Salz abgeben. Die Brühe zugießen, die Hitze reduzieren und zugedeckt 35 bis 40 Minuten schmoren lassen. Die Salbeiblätter etwa 10 Minuten vor Ende der Kochzeit unterrühren. Das Gericht auf einer vorgewärmten tiefen Platte servieren.

Für dieses bäuerliche Rezept gibt es verschiedene Varianten. Man kann es mit pistou *(einer Paste aus Basilikum, Knoblauch, Pinienkernen, geriebenem Käse und Olivenöl) aromatisieren oder mit einer ganzen Knolle Knoblauch, die man in Zehen zerteilt, aber nicht schält. Im letzteren Fall läßt man den Salbei weg und läßt das Gericht, nachdem man die Brühe zugegeben hat, bei sehr niedriger Temperatur etwa 45 bis 50 Minuten garen.*

Desserts

Frisouns

Karnevalsgebäck

Für 6 Personen

150 g Mehl, 150 g Puderzucker, 3 große Eier, 1 1/2 EL Orangenblütenwasser, 25 g Butter oder 1 1/2 EL Erdnußöl, Puderzucker zum Bestäuben

Das Backblech aus dem Ofen nehmen. Den Ofen auf 150° C vorheizen. Das Backblech mit Butter oder Öl bestreichen und kühl stellen.

Mehl und Puderzucker miteinander vermischen. Die Eier in eine Schüssel schlagen und mit dem Orangenblütenwasser wie für ein Omelette verquirlen. Nach und nach mit einem Holzlöffel die Mehl-Zucker-Mischung unter die Eier rühren, bis der Teig glatt, aber noch etwas dickflüssig ist.

Zum Formen der *Frisouns* benutzte die Köchin früher einen kleinen Löffel, mit dessen Hilfe sie Teigstränge von etwa 10 Zentimeter Länge (»so lang wie ein Zeigefinger«) auf das Backblech laufen ließ. Da die *Frisouns* beim Backen gut aufgehen, sollte man ausreichenden Abstand zwischen den einzelnen Teigsträngen lassen.

Das Backblech 5 Minuten in den Ofen schieben. Damit die *Frisouns* gelingen, eine große Platte und einen Holzlöffel mit sauberem Stiel bereitlegen.

Wenn die Teigstränge goldbraun sind, aus dem Ofen nehmen und das Backblech auf die offene Ofentür stellen, damit das Gebäck nicht so schnell auskühlt. Jeweils einen Teigstrang vom Blech nehmen, rasch um den Stiel des Holzlöffels wickeln und auf die bereitgestellte Platte schieben. Mit den anderen Teigsträngen ebenso verfahren.

Es ist sinnvoll, sich dabei von jemandem helfen zu lassen, weil das Gebäck, wenn es zu stark abgekühlt ist, leicht bricht und sich nicht mehr um den Stiel des Holzlöffels wickeln läßt. Da die Küchlein rasch gebacken sind, ist es ratsam, sie in zwei oder drei Portionen nacheinander zu backen.

Man kann den Teig auch mit einem Spritzbeutel aufs Blech setzen, dann werden die Teigstränge gleichmäßiger.

Aus diesem Teig – allerdings mit der dreifachen Menge Mehl und einer Stunde Ruhezeit unter einem feuchten Küchenhandtuch – kann man ein Gebäck bereiten, das, je nachdem ob es in Arles, Marseille oder Aix hergestellt wird, bugnes *(verknotete Bänder),* oreillettes *(Öhrchen) oder* ganses *(Bänder) heißt. Diesen festeren Teig mit einem Nudelholz ganz dünn ausrollen und mit einem Teigrädchen Streifen abschneiden, die in heißem Fett ausgebacken werden.*

Egal, ob man Frisouns *oder* Ganses *gebacken hat, nach dem Backen werden sie alle mit Puderzucker bestäubt und mit einer mit Rum, Zitrone oder Vanille aromatisierten Creme serviert.*

Karnevalsgebäck, Ausgebackene Teigschnecken und Konfitüre

Chichi fregi

Ausgebackene Teigschnecken

Für 6 Personen

500 g Mehl, 6 Eier, 1/4 l abgekochte, abgekühlte Milch, 1 EL Orangenblütenwasser, ersatzweise die geriebene Schale einer unbehandelten Zitrone oder Orange, feines Salz, Öl zum Ausbacken

Das Mehl und eine Prise Salz in eine große Schüssel geben, miteinander vermischen und in die Mitte eine Mulde drücken.

Die Eier aufschlagen, das Dotter vom Eiweiß trennen und jeweils mit einer Prise Salz in separate Schüsseln geben. Die Eigelbe zusammen mit dem Orangenblütenwasser und der Hälfte der Milch in die Mulde zum Mehl geben. Vom Rand der Mulde her beginnend nach und nach das Mehl einarbeiten. Das Ganze zu einem glatten Teig verarbeiten. Dann die restliche Milch unterrühren. Der Teig sollte glatt und dickflüssig sein.

Die Eiweiße zu Schnee aufschlagen und vorsichtig unter den Teig heben.

Das Öl, das neutral schmecken sollte (zum Beispiel Mais- oder Erdnußöl), in einer Friteuse erhitzen. Den Teig in einen Spritzbeutel mit großer Tülle geben. Wenn das Öl heiß ist, den Teig – in der Mitte der Friteuse beginnend – schneckenförmig ins Öl hineindrücken. Das Gebäck von beiden Seiten einige Minuten bräunen lassen, aus dem Topf nehmen und auf Küchenpapier abtropfen lassen. Mit dem restlichen Teig ebenso verfahren.

Die Teigschnecken sofort mit Puderzucker bestäuben, in Stücke schneiden und noch heiß auftragen. In der Provence reicht man dazu gern einen *vin cuit*, einen Wein, dem man ein Konzentrat zugesetzt hat, das vor der Gärung erhitzt wurde, um so den Alkoholgehalt und Körper zu verstärken. Auch ein hausgemachter Bitterorangenwein (siehe Rezept Seite 175) paßt ausgezeichnet zu den *Chichi fregi.*

Die provenzalischen Köchinnen pflegten zur Zeit von Cézanne die Chichi *aus Kichererbsenmehl oder aus pürierten Erbsen, die sie in Wasser gekocht und durch die Gemüsemühle passiert hatten, zuzubereiten. Kichererbsenmehl ist heute bei uns in orientalischen oder asiatischen Lebensmittelläden erhältlich.*

Poires et coings au miel

BIRNEN UND QUITTEN IN HONIG

Für 6 Personen

12 Kochbirnen oder 12 Quitten, 1 unbehandelte Zitrone, 1 Gewürznelke, 1 Vanilleschote, 1 Stück Sternanis, 250 g flüssiger Honig, ersatzweise Puderzucker

In einen nichtrostenden Topf, der groß genug ist, die zwölf Früchte aufzunehmen, 1 1/2 Liter Wasser, die Gewürze und den Honig beziehungsweise den Zucker geben.

Die Früchte schälen, jedoch nicht zerteilen und den Stengel daranlassen. Aufrecht in den Topf setzen. Die Früchte sollten gerade mit Flüssigkeit bedeckt sein. Eventuell noch etwas Wasser zugießen (natürliches Mineralwasser ist hierfür am besten geeignet). Das Ganze bei mittlerer Hitze aufkochen lassen, die Temperatur ganz herunterschalten und die Früchte 20 Minuten leise köcheln lassen. Die geviertelte Zitrone zwischen die Früchte geben. Mit einer Nadel oder einem kleinen Metallspießchen prüfen, ob die Früchte gar sind. Das Fruchtfleisch sollte bis zum Kerngehäuse leicht zu durchstechen und weich sein, die Früchte dürfen aber nicht zerfallen. Den Herd abschalten und die Früchte im Sirup abkühlen lassen. Danach aus dem Sirup nehmen, in eine Kompottschüssel geben und kalt stellen.

Den Saft auf ein Drittel einkochen lassen, bis er eine sirupartige Konsistenz hat. Gewürze und Zitrone entfernen und die Früchte mit etwas Sirup überziehen. Die Schüssel wieder kalt stellen. Den Sirup ein weiteres Mal aufkochen lassen und die Früchte nochmals damit glasieren. Diesen Arbeitsgang einige Male wiederholen.

Vor dem Servieren kann man die Früchte auch kurz unter den Grill schieben und karamelisieren.

Brousse au miel et aux amandes

Frischkäse mit Honig und Mandeln

Für 6 Personen

600 g *brousse*, ersatzweise Kuh-, Schafs- oder Ziegenfrischkäse oder italienische Ricotta, 4 Tropfen Bittermandelextrakt, 3 EL Thymianhonig, 50 g Mandelstifte

Für die Konfitüre aus Zitrusfrüchten (für etwa 500 Gramm): 3 Orangen, 1 unbehandelte Zitrone, 175 g Zucker, 1 Prise geriebene Muskatnuß, 1 kleines Stück Zimt, 1 Gewürznelke, 0,3 l kalziumarmes Mineralwasser

Mit der Zubereitung der Konfitüre am Vorabend beginnen.

Die Zitrusfrüchte unter fließendem Wasser mit einer Gemüsebürste abbürsten und mit kochendem Wasser übergießen, um eventuelle Unreinheiten zu entfernen. Die Früchte abspülen und abtrocknen. Von beiden Enden jeder Frucht etwa 1/2 Zentimeter wegschneiden. Orangen und Zitrone über einem Topf aus nichtrostendem Stahl in dünne Scheiben schneiden, damit der Saft aufgefangen wird. Die Früchte mit Zimt, Muskatnuß, Gewürznelke, der Hälfte des Zuckers und 0,3 Liter Mineralwasser (Leitungswasser enthält zuviel Kalk) über Nacht im Topf ziehen lassen.

Am nächsten Tag 0,2 Liter Wasser zugießen, den Topfinhalt ohne Deckel auf kleiner Flamme zum Kochen bringen. Danach den Herd auf die niedrigste Temperatur schalten und das Ganze 20 Minuten leise köcheln lassen. Den Herd ausschalten, den restlichen Zucker unterrühren und ohne Deckel abkühlen lassen.

Gewürznelke und Zimt aus dem Topf nehmen und die Konfitüre nochmals ohne Deckel bei niedriger Temperatur aufkochen lassen. Den Herd ausschalten und die Konfitüre abkühlen lassen. Die Konfitüre läßt sich einige Tage im Kühlschrank aufbewahren.

Den Honig im Wasserbad flüssig werden lassen. Den gut abgetropften Frischkäse in eine Schüssel geben, Honig und Mandelextrakt (nicht mehr als drei oder vier Tropfen, da er in größeren Dosen giftig ist!) zugeben und kräftig miteinander verrühren. Die Mischung in eine hübsche Schale geben und 30 Minuten kalt stellen. Vor dem Servieren mit den Mandelstiften dekorieren und mit der Konfitüre auftragen.

Man kann den Frischkäse auch wie einen Pudding in der Form zubereiten und ihn, auf einen Teller gestürzt, auftragen. In diesem Fall weicht man 2 Blatt Gelatine in kaltem Wasser ein, drückt sie gut aus, löst sie zusammen mit dem Honig im Wasserbad oder in Sirup auf und rührt alles unter den Frischkäse (für 0,2 Liter Sirup läßt man 110 Gramm Zucker mit 0,15 Liter Wasser etwa 6 Minuten bei niedriger Temperatur köcheln). Die Mischung in eine Puddingform geben und mindestens für 2 Stunden in den Kühlschrank stellen, damit sie fest wird. Zum Servieren auf eine Platte stürzen.

Da brousse *bei uns kaum erhältlich ist, kann man ersatzweise Frischkäse aus Schafs-, Ziegen- oder Kuhmilch oder eine Mischung daraus verwenden: Kuhmilchfrischkäse allein schmeckt allerdings oft fade; man sollte ihn deshalb gut abschmecken. Auch italienische Ricotta läßt sich ersatzweise verwenden.*

Tarte aux passerilles

Mangoldkuchen mit Rosinen

Für den Teig:

200 g Mehl, 0,15 l Öl, 75 g Puderzucker, 1 Beutel Vanillezucker, 1 Prise Salz, 1 großes Ei

Für den Belag:

250 g Rosinen *(passerilles)*, 1 kg geputzter Mangold, 100 g geriebener alter Comté (oder französischer Mimolette), 2 Eier, 100 g brauner Zucker, 1 Prise Salz, 1 Beutel Vanillezucker

Zuerst den Teig herstellen. Dafür Mehl, Salz, Puder- und Vanillezucker in einer Schüssel miteinander vermischen. In die Mitte eine Mulde drücken, das Öl (einen Teelöffel davon zum Ausstreichen der Form beiseite stellen) und das Ei hineingeben und mit etwas Mehl verrühren. Mit den Fingerspitzen vom Rand der Mulde her nach und nach das Mehl einarbeiten und zu einem glatten Teig verkneten. Den Teig aus der Schüssel nehmen, auf einer bemehlten Arbeitsfläche nicht zu stark durchkneten und zu einer Kugel formen. Den Teig und die Schüssel mit Mehl bestäuben. Den Teig wieder in die Schüssel geben und zugedeckt an einem kühlen, jedoch nicht zu kalten Ort ruhen lassen.

In der Zwischenzeit den Belag zubereiten. Von den Mangoldblättern die weißen Stengel und Rippen entfernen. Die Mangoldblätter waschen, abtropfen lassen, trockentupfen, zusammenrollen und in feine Streifen schneiden. Die Mangoldstreifen in der Sonne oder im 60° C warmen Backofen trocknen lassen.

Die Rosinen kurz in lauwarmem Wasser einweichen, abspülen und abtropfen lassen. Braunen Zucker und eine Prise Salz, geriebenen Käse, die abgetropften Rosinen und die Mangoldstreifen in eine Schüssel geben und miteinander vermischen. Die Eier wie zu einem Omelette aufschlagen und unter diese Zutaten rühren.

Den Backofen auf 180° C vorheizen. Eine Tortenform mit Öl ausstreichen. Den Teig mit einem Nudelholz auf einer leicht bemehlten Arbeitsfläche ausrollen. Die Form mit dem Teigfladen auslegen, Ränder und Boden gut andrücken. Überstehenden Teig wegschneiden und den Teigrand mit den Fingern leicht wellen. Den Teigboden mit einer Gabel gleichmäßig einstechen und mit Hülsenfrüchten bedecken. Die Form in den vorgeheizten Ofen schieben und den Kuchenboden 10 Minuten blindbacken.

Die restlichen Teigabschnitte verkneten, dünn ausrollen und Streifen daraus schneiden, die man gitterförmig auf dem Kuchen anordnet.

Die Form aus dem Ofen nehmen, die Hülsenfrüchte entfernen. Den Belag gleichmäßig auf dem Teigboden verteilen, die Teigbänder gitterförmig darauf anordnen und die Form für 15 Minuten in den Ofen schieben. Den Kuchen aus dem Ofen nehmen und mit dem Vanillezucker bestäuben. Lauwarm oder kalt mit einem lieblichen Wein servieren.

Statt des geriebenen Comté kann man auch einen Frischkäse aus Schafsmilch verwenden. Der Kuchen bekommt dadurch allerdings eine cremigere Konsistenz.

Vin d'oranges amères

BITTERORANGENWEIN

Ergibt etwa 1 Liter

3 Bitterorangen, 1 unbehandelte Zitrone, 1 Flasche (0,75 l) weißer Johannisbeerwein, 1 kleines Gläschen (8 cl) Tresterschnaps, vorzugsweise Marc de Provence, 175 g Puderzucker, 2 Gewürznelken, 1 Vanilleschote

Die Früchte waschen, trockentupfen und vierteln. Zusammen mit dem Puderzucker, den Gewürznelken und der längs zu drei Vierteln aufgeschlitzten Vanilleschote in eine große Schüssel geben. Mit dem Tresterschnaps begießen und mit dem Johannisbeerwein aufgießen. Alles gut miteinander verrühren und die Schüssel mit Klarsichtfolie luftdicht verschließen. Statt der Schüssel können Sie auch ein großes Einmachglas mit Deckel verwenden. An einem kühlen, trockenen Ort 45 Tage ziehen lassen.

Es gibt eine Variante dieses Weins, die »für die Damen« genannt wird. Dafür ersetzt man den Zucker durch 125 g Honig und den Johannisbeerwein durch einen alten Bandol aus der Provence.

Umseitig: Mangoldkuchen mir Rosinen

Blanc-manger provençal

Provenzalischer Pudding

Für 6 Personen

6 EL Lavendelhonig, 4 Blatt Gelatine, 1/2 l Crème fraîche, 1/4 l Milch, 3 Eigelbe, 50 g Rosinen, 100 g kandierte Früchte

Die kandierten Früchte hacken. Die Rosinen in heißem Wasser quellen und gut abtropfen lassen.

Den Honig erwärmen, damit er dünnflüssiger wird, aber nicht kochen lassen. Den Herd abschalten und den Honig beiseite stellen.

In einem mittelgroßen Topf die Milch mit der Crème fraîche erhitzen und ebenfalls beiseite stellen. Die Eigelbe so lange aufschlagen, bis sie beginnen hellgelb zu werden. Nach und nach den flüssigen Honig vorsichtig mit dem Schneebesen unterrühren. Die heiße Milch-Crème-fraîche-Mischung unter ständigem Rühren ebenfalls vorsichtig zugeben. Dabei darauf achten, daß die Eigelbe nicht gerinnen. Die Masse in einen sauberen, mittelgroßen Topf geben. Die Gelatine in einer Schüssel kaltem Wasser einweichen. Den Topf auf den Herd stellen und die Eiercreme bei mittlerer Temperatur in etwa 10 Minuten heiß werden, aber nicht kochen lassen. Dabei ständig mit einem Holzlöffel umrühren, damit die Creme nicht ansetzt.

Die Gelatine gut ausdrücken und unter die heiße Masse rühren, bis sie sich aufgelöst hat.

Etwas Creme in eine Form füllen, einige feingehackte kandierte Früchte und Rosinen darüber verteilen, darüber wieder eine Lage Creme geben. Weiter so verfahren, bis die Zutaten aufgebraucht sind.

Den Pudding auf Zimmertemperatur abkühlen lassen, dann über Nacht in den Kühlschrank stellen. Auf eine hübsche Platte stürzen und mit den restlichen kandierten Früchten dekorieren.

Gâteaux d'Aix aux amandes

Mandelkuchen nach Art von Aix

Für 6 Personen

250 g gemahlene Mandeln, 250 g Zucker, 6 Eier, 1/2 unbehandelte Zitrone, 3 Tropfen Bittermandelextrakt, 100 g Maisstärke, 50 g Hagelzucker, 75 g Mandelblättchen, feines Salz, 25 g Butter oder 1 TL neutrales Öl (Erdnuß- oder Maisöl)

Eine Springform mit Öl oder mit Butter bestreichen und kühl stellen.

Von 4 Eiern die Eiweiße von den Dottern trennen. Die beiden ganzen Eier aufschlagen und in einer Schüssel mit einer Prise Salz beiseite stellen. In einer großen Schüssel die gemahlenen Mandeln, den Zucker und die geriebene Schale der halben Zitrone miteinander vermischen.

Zuerst die beiden ganzen Eier, dann die vier Eigelbe nach und nach mit einem Holzlöffel unter die Mandel-Zucker-Mischung rühren. Zu einem glatten Teig verarbeiten. Dann den Bittermandelextrakt und die Maisstärke unterrühren.

Den Backofen auf 210° C vorheizen.

Die Eiweiße zu Schnee aufschlagen. Einige Löffel davon abnehmen und kräftig unter den Teig rühren, um ihn aufzulockern. Den restlichen Eischnee nach und nach vorsichtig unterheben.

Den Teig in die vorbereitete Form geben; bis zur Oberkante der Form sollte noch mindestens ein Zentimeter Platz sein. Mit den Mandelblättchen und dem Hagelzucker bestreuen.

Die Form für 30 Minuten in den Ofen schieben. Dabei darauf achten, daß die Oberfläche des Kuchens nicht zu stark bräunt. Eventuell den Backofen nach 20 Minuten auf 150 bis 180° C herunterschalten und den Kuchen mit eingebuttertem Backpapier bedecken.

Den Backofen ausschalten, die Ofentür einen Spaltbreit öffnen und den Kuchen 6 bis 8 Minuten ruhen lassen. Danach auf einem runden Kuchengitter abkühlen lassen.

Diesen Mandelkuchen kann man zu den unterschiedlichsten Gelegenheiten servieren – er schmeckt sowohl zum Frühstück als auch zum Dessert mit einer Crème anglaise, die mit Orangenblütenwasser parfümiert ist, oder einem Kompott aus Früchten der Saison.

Croissants, cornes et pignolats

Croissants, Hörnchen und Pinien-Hörnchen

Für 20 kleine Croissants oder Hörnchen

200 g gemahlene Mandeln, 75 g Mandelblättchen, 150 g Zucker, 3 Eiweiße, 1 EL Aprikosenkonfitüre, 1 EL Milch, 1 TL brauner Zucker, feines Salz

Die Konfitüre im Wasserbad schmelzen lassen und durch ein feines Sieb passieren, die Obststücke entfernen. Eine Prise Salz, den Zucker und die geriebenen Mandeln in eine Schüssel geben und miteinander vermischen. Die durchpassierte Aprikosenkonfitüre unterrühren.

Die Eiweiße mit einem Schneebesen schaumig, aber nicht steif schlagen. Ein Viertel davon beiseite stellen. Die restlichen aufgeschlagenen Eiweiße nach und nach mit einem Holzlöffel unter die Mandel-Zucker-Mischung heben und zu einem festen, glatten Teig verarbeiten, den man mit den Händen gut formen kann.

Den Teig in nußgroße Stücke teilen und auf einer trockenen Arbeitsfläche zu kleinen Röllchen formen, die sich zu den Enden hin verjüngen. Mit Eiweiß bestreichen und in den Mandelblättchen, die man in einen tiefen Teller gegeben hat, wenden.

Den Backofen auf 180° C vorheizen. Das Backblech herausnehmen und leicht mit Öl bestreichen. Die Teigröllchen zu Hörnchen formen und auf dem Backblech mit genügendem Abstand zueinander auslegen.

10 bis 15 Minuten backen. 5 Minuten vor Ende der Backzeit jedes Croissant mit etwas Milch bestreichen, in der man den braunen Zucker aufgelöst hat. Den Herd ausschalten und die Hörnchen in dem einen Spaltbreit geöffneten Backofen ruhen lassen.

Die Croissants ißt man einfach aus der Hand oder zum Kaffee. Sie lassen sich einige Tage in einer Gebäckdose aufbewahren. Man nennt diese Croissants auch *cornes* (Hörnchen). In manchen Dörfern formt man sie zu kleinen Plätzchen und wendet sie in feingehackten Pinienkernen. Diese Varianten, *pignolats* oder *pignoulats* genannt, müssen etwas länger gebacken werden.

Grundrezepte

Le Coulis

Tomaten-Coulis

Für 6 Personen

2 kg große, vollreife Tomaten, grobes Meersalz, Olivenöl,

1 Bouquet garni, bestehend aus Petersilienstengeln, Thymian,

Lorbeer, Fenchelgrün und Bohnenkraut, zerstoßener Pfeffer

Die Tomaten waschen, trockenreiben und halbieren. Die Schnittflächen kreuzweise einschneiden.

Die Samen mit einem spitzen Messer herauskratzen. Die Schnittfläche mit Salz bestreuen und die Tomaten 30 Minuten ziehen lassen.

Die Tomatenhälften mit den Fingern ausdrücken und auf einem Gitter 30 Minuten abtropfen lassen.

Wenn die Tomaten ihren Saft abgegeben haben, in kleine Würfel schneiden. Wenig Olivenöl in einem großen Topf bei mittlerer Temperatur erhitzen und die Tomatenwürfel hineingeben. Weich werden lassen, mit einem Holzlöffel zerdrücken und bei niedrigster Temperatur 20 Minuten köcheln lassen.

Das Bouquet garni, einen Teelöffel zerstoßenen Pfeffer und etwas Olivenöl in eine große Schüssel oder in einen Steinguttopf geben.

Die Tomaten durch ein mit einem Mulltuch ausgelegtes Sieb streichen oder durch die Gemüsemühle passieren. Das Püree gut abtropfen lassen, wieder in den Topf geben, mit Salz und Pfeffer abschmecken und auf niedrigem Feuer 20 Minuten einkochen lassen. Dabei gelegentlich umrühren. Den Herd ausschalten, das Tomatenpüree ohne Deckel abkühlen lassen.

Das Püree in den Steinguttopf oder in die Schüssel zum Bouquet garni geben. Das Gefäß kräftig schütteln, damit sämtliche Luftblasen entweichen können.

Das Ganze großzügig mit Olivenöl bedecken. Entnimmt man etwas Tomaten-Coulis, streicht man danach die Oberfläche mit einem Löffel wieder glatt und achtet darauf, daß das Tomatenpüree gut mit einer Ölschicht bedeckt ist.

In Aix nahm Madame Brémond etwas Tomatenpüree in ihre Hände, die sie vorher eingeölt hatte, und formte es zu einer Kugel. Sie gab sie in das Gefäß, in dem sich bereits das Bouquet garni befand, und verfuhr mit dem restlichen Tomatenpüree in gleicher Weise. Dies hatte den Vorteil, daß sie es gleich portionsweise herausnehmen konnte. Sie ließ das Püree allerdings nicht auf dem Feuer, sondern in der Sonne der Provence trocknen.

Aïoli

AÏOLI (KNOBLAUCHMAYONNAISE)

Für 6 Personen

0,8 l Olivenöl, zimmerwarm, 8 Knoblauchzehen, 2 sehr frische Eigelbe, zimmerwarm, Saft von 1 Zitrone, Salz, Pfeffer

Den Knoblauch schälen, den grünen Keim entfernen. Dadurch verliert der Knoblauch an Schärfe. Den Knoblauch zerkleinern und in einem Mörser aus Holz oder Marmor zu einer glatten Paste zerstoßen. Dabei etwas feines Salz dazugeben. Einige Tropfen Olivenöl zugeben und nacheinander die Eigelbe mit dem Stößel einarbeiten. Wieder etwas Salz und tropfenweise das Öl unterrühren, bis die Aïoli die Konsistenz einer Mayonnaise hat. Dabei den Stößel immer in einer Richtung führen. Unter weiterem Rühren Pfeffer und Zitronensaft zugeben.

Falls die Aïoli zu dick wird, 1 oder 2 Teelöffel lauwarmes Wasser tropfenweise unterrühren. Falls die Aïoli Ihnen nicht gelingt und sie zusammenfällt, das Ganze aus dem Mörser in eine Schüssel füllen. Den Mörser säubern und erneut mit einem Eigelb beginnen. Die ausgeflockte Aïoli teelöffelweise seitlich in den Mörser geben und dabei unentwegt mit dem Stößel rühren.

Die Aïoli wird zu Stockfisch, pochierten Fischen, Schnecken, aber auch zu einem Lamm- oder Rindfleischeintopf serviert. Auch zu gekochtem kaltem Geflügel, zu gedämpften Gemüsen oder auf einer Scheibe geröstetem Landbrot mit einer Tomate und hartgekochten Eiern – wie Cézanne sie gern aß, wenn er in der Natur malte – schmeckt die Aïoli.

La Raïto

RAÏTO (TOMATEN-WEIN-SAUCE MIT KAPERN UND OLIVEN

Für 6 Personen

1 große rote Zwiebel, 3 EL Olivenöl, 1 gestrichener EL Mehl, 1/2 l provenzalischer Rotwein, 0,3 l leichte Brühe, 1 EL Tomaten-Coulis (siehe Rezept Seite 180), 1 Bouquet garni, 2 Knoblauchzehen, wenig Salz, schwarzer Pfeffer, 1 EL Kapern *(tapeno)*, 1 Handvoll entsteinte Oliven

Die Zwiebel schälen und feinhacken. Das Olivenöl in einer Pfanne heiß werden lassen und die feingehackte Zwiebel darin goldgelb anbraten. Mit etwas Mehl bestäuben, anschwitzen lassen und mit der heißen Brühe löschen. Dabei ständig rühren, damit sich keine Klümpchen bilden. Aufkochen lassen, dann den Rotwein unterrühren. Die Hitze reduzieren. Sobald die Flüssigkeit wieder zu kochen beginnt, die ungeschälten, mit einem Messerrücken leicht zerdrückten Knoblauchzehen, Tomaten-Coulis und Bouquet garni zugeben und abschmecken.

Die Flüssigkeit ohne Deckel auf etwa ein Drittel einkochen lassen.

Das Ganze durch das feine Sieb der Gemüsemühle geben. Die Kapern und Oliven unter die fertige Raïto rühren.

Weihnachten wird Raïto traditionsgemäß zu Stockfisch gereicht, sie schmeckt aber auch zu anderen pochierten Fischen oder zu gedämpften Kartoffeln. Raïto ist die einzige provenzalische Sauce, die mit Rotwein und Zwiebel zubereitet wird. Das Rezept stammt angeblich noch aus der Zeit, als Marseille von den Griechen gegründet wurde.

Anchoïade familiale

SARDELLENSAUCE AUS DER FAMILIENKÜCHE

Für 6 Personen

12 in Salz eingelegte Sardellen, 12 in Öl eingelegte Sardellenfilets, 0,1 l Milch, 3 Knoblauchzehen, 1 rote Paprikaschote, entkernt und in kleine Stücke geschnitten, 1 Frühlingszwiebel, 2 Zweige Basilikum, 2 Stengel glatte Petersilie, 12 geschälte Mandeln, 4 geschälte Haselnüsse, 3 Walnüsse, 1 Prise Fenchelsamen, 1 EL Orangenblütenwasser, Olivenöl

Einige Stunden vor der Zubereitung der Sauce die gesalzenen Sardellen unter fließendem kaltem Wasser zwischen den Fingern abreiben. Die Sardellen filetieren und die Gräten entfernen. Die Sardellenfilets in ein Gefäß mit kaltem Wasser geben. Die Milch in einen tiefen Teller gießen. Die Filets aus dem Wasser nehmen, abtropfen lassen und in den Teller mit der Milch geben. Sie sollten vollständig von der Milch bedeckt sein. Die Sardellenfilets mindestens 2 Stunden darin ziehen lassen.

Die anderen Sardellenfilets aus dem Öl nehmen, abtropfen lassen, mit Küchenpapier trockentupfen und alle sichtbaren Gräten entfernen.

Falls man ungeschälte Mandeln und Haselnüsse verwendet, diese zuerst blanchieren und anschließend schälen. Knoblauch und Zwiebel schälen und grob hacken. Petersilie und Basilikum von den Stengeln zupfen, die Blätter hacken. Die entsalzten Sardellenfilets aus der Milch nehmen, abtropfen lassen und mit Küchenpapier trockentupfen.

Knoblauch, Zwiebel und Paprikaschote im Mörser zu einer Paste zerstoßen. Alle Sardellenfilets in Stücke schneiden und dazugeben. Ebenfalls in die Paste einarbeiten. Nach und nach Mandeln, Hasel- und Walnüsse sowie die Fenchelsamen zugeben und alles zu einer homogenen, weichen Paste verarbeiten.

Das Orangenblütenwasser zugeben. Wenn dieses gut von der Paste aufgenommen ist, nach und nach das Öl mit dem Stößel oder einem Holzlöffel unterrühren.

Die Sardellensauce in eine Schüssel geben und bis zum Servieren in das Gemüsefach des Kühlschranks stellen.

Dies ist eine Zubereitungsart für Festtage. Für den täglichen Gebrauch kann man sich damit begnügen, die Sardellenfilets mit Knoblauch, etwas Petersilie oder Basilikum, Olivenöl und – um den Geschmack zu verbessern – mit etwas gutem Rotweinessig zu einer Paste zu verarbeiten.

Rechts: Küchentisch mit Töpfen und Flaschen.

Paris, Musée du Louvre, Zeichenkabinett

La Rouïa

Rouille

Für 6 Personen

2 frische rote Chilischoten, 2 Knoblauchzehen, 1/4 l Olivenöl, eine Handvoll altbackene Landbrotkrumen, etwas Brühe zum Einweichen, grobes Salz

Die Stengel der Chilischoten wegschneiden, die Schoten aufschlitzen und die Samen entfernen. Die Chilischoten in kleine Stücke schneiden und mit den geschälten und zerdrückten Knoblauchzehen im Mörser fein zerstoßen. Dabei darauf achten, daß man mit den Händen nicht in die Augen kommt. Etwas Salz und ein wenig Öl zugeben und im Mörser zu einer glatten Paste verarbeiten.

Die in etwas Brühe eingeweichten und gut ausgedrückten Brotkrumen zugeben und mit dem Stößel zerreiben. Nach und nach unter ständigem Stampfen mit dem Stößel das Öl einarbeiten. Die Sauce sollte wie eine Mayonnaise Volumen bekommen. Falls sich das Öl etwas absetzen sollte, rührt man einen kleinen Löffel heiße Brühe unter. Kurz vor dem Servieren wird die Rouille noch einmal mit etwas Brühe aufgeschlagen. Man kann das Brot durch ein Stück gekochte Kartoffel ersetzen.

Die Rouille ist die klassische Begleiterin provenzalischer Fischsuppen und wird traditionellerweise zur Bouillabaisse gereicht.

Bouillon de volaille

HÜHNERBRÜHE

Für 3 Liter Hühnerbrühe

2 kg Hühnerklein (Hals, Flügel, Köpfe, Füße, Karkassen), die doppelte Menge an Gemüsen, Kräutern und Gewürzen wie für die Court-Bouillon, ohne Fenchelsamen, dafür mit 2 Gewürznelken und einem nußgroßen Stück feingehackten Ingwer, 1 Glas (etwa 0,2l) trockener Weißwein oder Cidre, 1 großes Bouquet garni, bestehend aus Petersilienwurzeln, dem Sellerie- und Lauchgrün, Schalen von 2 unbehandelten Zitronen, 2 Zweigen Thymian, 2 Lorbeerblättern, 2 TL zerstoßener schwarzer Pfeffer, 1 TL Korianderkörner, 2 Gewürznelken, 1 nußgroßes Stück feingehackter Ingwer, 1 Glas (etwa 0,2 l) trockener Weißwein, grobes Salz

Das Hühnerklein gründlich abspülen, die Nägel von den Füßen und die Schnäbel von den Köpfen entfernen. Den Schlund und die knorpelige Luftröhre aus dem Hals ziehen und wegwerfen. Die Hühnerfüße blanchieren und die Haut abziehen.

Die Zwiebeln halbieren und die Schnittfläche auf der Herdplatte oder über der Gasflamme anbräunen. Mit den Gewürznelken spicken – das gibt einen guten Geschmack und eine schöne Farbe. Gemüse und Hühnerklein in einen Suppentopf geben, mit 4 Liter Wasser bedecken und kurz aufkochen lassen. Falls nötig, den aufsteigenden Schaum entfernen. Bouquet garni, Ingwer, restliche Gewürze und Weißwein zugeben und mit Salz abschmecken; den Pfeffer gibt man ganz zum Schluß zu.

Die Brühe 3 Stunden leise köcheln lassen. Die Hühnerbrühe durch ein mit einem Mulltuch ausgelegtes Sieb gießen und kalt stellen.

Aus den Gemüsen und dem ausgelösten Fleisch kann man einen wohlschmeckenden Salat bereiten, den man mit einer schnell zubereiteten einfachen Sauce – einer Ravigote oder einer Remouladensauce – anrichtet.

Bouillon de veau

KALBSBRÜHE

Die Kalbsbrühe wird mit den gleichen Zutaten wie die Hühnerbrühe zubereitet: mit Gemüsen, Kräutern, Gewürzen und Wein. 2 Kilogramm fleischige Kalbsknochen von der Haxe oder vom Halsgrat werden mit kaltem Wasser aufgesetzt, der aufsteigende Schaum wird abgeschöpft, dann gibt man die Gemüse, Aromaten und den Wein dazu. Man läßt die Brühe bei niedriger Temperatur 3 Stunden leise köcheln und gießt sie zum Schluß durch ein mit einem Mulltuch ausgelegtes Sieb.

Auf dem Tisch: Links Ausgebackene Teigschnecken und Karnevalsgebäck, rechts Ente mit Oliven und Mohrrüben (Rezepte Seiten 170, 171 und 153)

Cézanne beim Malen in Aix-en-Provence
Photo: Maurice Denis, Januar 1904

Verzeichnis der Rezepte

Suppen

Vorspeisen

Fischgerichte

Fleisch und Geflügel

Gemüse- und Nudelgerichte

Desserts

Grundrezepte

Danksagung

Ein Buch »Zu Gast bei Cézanne« zu illustrieren mag als ein sehr gewagtes Vorhaben erscheinen: Ich habe diese Aufgabe zu meistern gesucht, indem ich mich bemühte, die historischen Aufenthaltsorte des Malers in der Provence wahrheitsgetreu zu zeigen, die sein Heimatland und auch seine Wahlheimat war.

Diese Arbeit wäre nicht möglich gewesen ohne die Hilfe vieler Personen, denen ich an dieser Stelle danken möchte: Monsieur Philippe Cézanne, der seine Zustimmung zu diesem Projekt gab, Monsieur Picheral, dem Bürgermeister von Aix-en-Provence, sowie der ganzen Belegschaft des Rathauses und im besonderen Monsieur Guarrigue, Monsieur Corsy und seiner Tochter Anna Haworth Corsy, die uns im Jas de Bouffan so freundlich empfangen haben, Monsieur Coutagne, dem Leiter des Musée Granet, Madame Bourges, der Konservatorin des Atelier Cézanne, Monsieur de Pinguern, der uns die Tür der Hütte in Bibémus geöffnet hat, Les Infirmeries du Roy René, die uns beherbergt haben, Monsieur und Madame Calonder, Le Relais Cézanne in Le Tholonet, Monsieur und Madame Walter am Ufer des Arc, Madame Tsaut, Monsieur und Madame Bonzon und all jenen, die ich hier nicht aufführen kann.

Jean-Bernard Naudin

Bibliographie

Cézanne. les années de jeunesse (1859-1872). Ausstellungskatalog des Musée d'Orsay, RMN, Paris 1988.

Cézanne. les dernières années (1895-1906). Ausstellungskatalog des Grand-Palais, RMN, Paris 1978

Conversations avec Cézanne. Texte von Émile Bernard, Jules Borély, Maurice Denis, Joachim Gasquet, Gustave Geffroy, Francis Jourdain, Léo Larguier, Karl Ernst Osthaus, R. P. Rivière und J. F. Schnerb sowie Ambroise Vollard. Herausgegeben und mit Anmerkungen versehen von P. M. Doran, Macula, Paris 1978.

M. R. Bourges, *Itinéraires de Cézanne.* Ville d'Aix-en-Provence 1982

Paul Cézanne, *Correspondance* (mit Anmerkungen und einem Vorwort herausgegeben von John Rewald). Grasset, Paris 1985.

Gustave Cocquiot, *Cézanne*, Paris 1919

Michel Hoog, *Cézanne »puissant et solitaire«.* Découvertes Gallimard, Paris 1989.

Henri Perruchot, *La Vie de Cézanne.* Librairie Hachette, Paris, 1956, Neuausgabe bei Le Livre de Poche.

Gilles Plazy, *Cézanne ou la peinture absolue.* Liana Levi, Paris 1988.

Gilles Plazy, *Cézanne.* Éditions du Chêne, Paris 1991.

John Rewald, *Cézanne.* Skira, Lausanne 1978.

Émile Zola, *L'Œuvre.* Chronologie, Einführung und Register zum Werk von Antoinette Ehrard, Garnier-Flammarion, Paris 1974.

Bildnachweis

Artephot-Held: 36, 75, 102, 120. Artephot-Jourdain: 40. Artephot-Trela: 46, 63. Artothex: 47. Cliché Bernard Terlay Aix: 45, 75. Bibliothèque Nationale, Paris: 74, 106. Bridgeman-Giraudon: 101. Collection Sirot-Angel: 188. Document Archives Ikonos: 1, 70. D. R.: 29, 32, 67. Giraudon: 88. Lauros-Giraudon: 96. Nationalmuseum, Stockholm – Photo Eric Cornelius: 16. Photo R.M.N.: 19, 43, 56, 58, 76, 127, 128, 132, 142, 160, 180, 183. Scala: 11, 24, 111, 112, 122.

Unser besonderer Dank gilt Barbara Guarneri für ihre Mitarbeit an der Entstehung dieses Buches.
Das Team dankt ferner den Galerien, Antiquitätenläden und Geschäften, die uns für die Realisierung dieses Werkes leihweise Requisiten überlassen haben. Für ihr Vertrauen sind wir ihnen sehr verbunden.:
Au Puceron Chineur, Éric Dubois, Fuchsia linge et dentelles anciens,
Fanette, Art domestique ancien, la Maison ivre, Mère-Grand, L'Or du Temps,
Éric Aubry, Garance, Brocante du Panarbo, Devine qui vient dîner, Galerie Didier Ludot,
Jeanine Normand, Odette Delain, Olivier Blanchard, Denise Corbier, M. Girard,
Alexandre Biaggi, Anne Vincent, Catherine Verneuil, Roger Normand, Aliette Texier,
Hélène et Raymond Humbert, Michel Biben, Mokuba, l'Ourartien,
le Village des Antiquaires de Lignanes, Le Forum des arts à Lignanes Puyricard,
La Tuile à Loup, Michel Léger, Terre de Provence, Marlène Chabert, Jacqueline Blanchard,
Chichi chez Freddy, Antiquités et Brocantes au Pays d'Aix, Elsa Halfen, La Licorne,
le Cochelin, La Table en fête, Paul Ollivary, Aux Armes de Furstenberg,
Jardins Imaginaires, Maison de Famille, Mis en demeure,
Kitchen Bazaar Autrement.
Nicht zuletzt danken wir auch dem Photolabor Gorne für die freundliche Zusammenarbeit bei der Entwicklung der Filme.

Titel der französischen Originalausgabe:
LE GOÛT DE LA PROVENCE DE PAUL CÉZANNE
Aus dem Französischen übertragen von
Michael und Susanne Farin und von Wolfgang Glaser (Rezepte)

Die Originalausgabe des Buches erschien 1995 bei Les Editions du Chêne, Paris

Photos und Projektleitung: Jean-Bernard Naudin – Text: Gilles Plazy – Rezepte: Jacqueline Saulnier
Buchgestaltung: Lydia Fasoli, Louis Benzoni
Lithographie: Intégral, Paris
Schrift: Garamond 3
Satz: Kort Satz GmbH, München
Druck und Bindung: Canale, Turin
Printed in Italy
ISBN 3-453-08707-0